인문학아 부탁해!
나의 꿈,
나의 미래

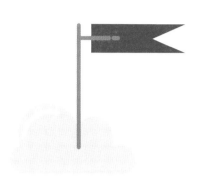

1
전통적
인기 직업

— 청소년을 위한 진로독서 —

인문학아 부탁해!

공규택 지음

나의 꿈, 나의 미래

북트리거

인문학과 함께하는
아주 특별한 진로 탐색

- 전통적 인기 직업 편 -

"선생님, 저는 의사가 되고 싶어요."

한 아이가 내게 하소연하듯 말했다. 그리고 속사포처럼 이어지는 질문들.

"의사는 전문직이어서 돈을 많이 번다면서요? 그래서인지 많은 사람이 동경하는 직업이기도 하고요. 그런데 몇몇 친구들이 너무 돈만 밝히는 것 아니냐고 핀잔을 주네요. 열심히 공부해서 제가 하고 싶은 일 하면서 살겠다는데, 왜 남들이 제 꿈을 탐탁지 않게 여길까요?"

아, 이 녀석을 어떻게 달랠까 고민하다가 문득 한 권의 소설이 떠올랐다.

5

"카뮈라는 프랑스 작가가 쓴 『페스트』를 한번 읽어 보겠니?"

『페스트』는 흑사병이 창궐해 사방이 봉쇄된 도시를 배경으로 하는 소설이다. 주인공인 의사 '리유'는 감옥처럼 폐쇄된 도시에서 환자들을 돌보며 고군분투한다. 뜻하지 않은 재난이라는 설정 자체가 극적이고 재미있을 뿐만 아니라, 다양한 인간 군상이 등장해 생각거리가 제법 많은 소설이다. 책을 읽은 아이를 며칠 후에 다시 만났다. 그 아이에게 이렇게 말해 주었다.

"네 친구들이 기대하는 이상적인 의사는 아마 리유와 같은 모습을 하고 있지 않을까? 리유는 네가 선망하는 '고소득 전문직'의 안정적인 삶을 누리고 있지는 않지만, 전염병과 싸움을 벌이며 묵묵히 환자들을 보살펴. 리유처럼 행동할 자신이 있다면 친구들에게 당당하게 말해. '내가 의사가 되려는 이유는 돈보다 더 중요한 그 무엇이 있어서야.'라고 말이야."

직업에 대한 최신 정보를 제공하지는 않더라도, 알베르 카뮈의 『페스트』는 장황한 진로 상담보다 오히려 더 깊이 있는 답변을 아이에게 전할 수 있겠다는 생각이 들었다.

"저는 정치인이 되고 싶어요. 국회의원이나 대통령이요."

다른 아이가 나를 찾아와 이렇게 말하며, 자신의 포부를 늘어놓았다.

"정치인이 되어서 우리나라를 좋은 나라, 잘 사는 나라로 만들 거예요."

원대한 꿈을 품고 사는 그 아이에게 이렇게 물었다.

"너는 정치인의 어떤 면이 그렇게 좋니? 조금만 잘못해도 국민들의 원성과 비난을 받는 무거운 자리잖아."

"요즘 정치인들이 카리스마가 없어서 그렇겠죠. 일에 대한 추진력, 과감한 결단. 이런 게 카리스마이고, 리더십 아니겠어요? 카리스마 있는 정치를 하면, 국민들이 저를 믿고 따를 거라 생각해요."

그 아이가 말하는 카리스마는 어쩌면 '권력'을 의미하는 것일지도 모르겠다고 생각했다. 아이는 권력을 지향하고 있는 것이다. 문득 『도덕경』의 한 구절이 떠올랐다.

"노자는 이 책에서 국민을 다스리는 통치자, 즉 지도자를 네 가지 등급으로 나누었어. 그중 국민이 두려워하는 지도자가 3등급, 국민에게서 칭찬받는 지도자가 2등급이라고 하는구나. 그럼 최악의 4등급, 그리고 최고의 1등급 지도자는 각각 어떤 모습일 것 같아? 네가 직접 읽고 확인해 보렴."

아이는 곧바로 학교 도서관으로 가서 노자의 『도덕경』을 빌려 읽더니, 며칠 후 다시 나를 찾아왔다.

"국민이 지도자의 존재 자체를 인식할 수 없을 만큼 묵묵히 일하는 지도자가 최고의 통치자라고 하네요."

『도덕경』을 읽고 올바른 정치인의 자세를 깨달은 이 아이는 나중에 커서 어떤 정치인이 될지 기대가 되기 시작했다.

"선생님, 진로가 고민이에요."

많은 학생들이 자신의 진로를 생각하면 막막함을 느낀다고 한다. 현직 교사로서 여러 아이들과 진로 상담을 한다. 내실 있는 상담을 위해 진로 상담 연수도 수없이 받았고, 진로 관련 서적을 모조리 탐독했으며, 심지어 상담 교사 자격증도 땄다. 하지만 내가 머릿속에 축적한 진로 지식은 빠르게 변해 가는 진로 교육 환경 앞에서 무용지물이 되기 일쑤였다.

우리 사회에서 전통적으로 인기가 있던 직업군으로는 판사·검사, 의사, 기자, 건축가, 과학자, 외교관 등을 꼽을 수 있다. 시대가 변하면 선호하는 직업도 바뀐다지만, 이들 직업군의 인기는 꾸준히 유지되고 있다.

'왜 전통적 인기 직업을 선호하는 아이들이 많을까? 이 직업을 꿈꾸는 아이들이 미리 알아 두어야 할 사실이나 준비해야 할 일은 없을까?'

이런 고민을 하던 내가 어느 날부터 아이들에게 인문학을 권하기 시작했다. 의사를 희망하는 아이들에게 실존주의 철학자 알베르 카뮈의 『페스트』를 건네주었고, 정치인을 꿈꾸는 아이들에게 동양의 고

전인 노자의 『도덕경』을 읽어 보라고 조언했다. 진로 상담의 내담자인 아이들에게 하고 싶은 이야기가 모두 인문학 속에 담겨 있음을 깨달았기 때문이다. 또 책은 관련 직종에 관한 유용한 정보를 담고 있음은 물론, 각각의 직업에 종사할 사람이라면 마땅히 고민해 봐야 하는 여러 생각거리까지 던져 준다.

'사람'에 관한 학문이자 '인간'에 대한 이야기인 인문학은, 21세기를 책임질 '사람'인 우리 아이들의 진로에 대해서 깊이 있는 통찰과 해결책을 건네고 있다. 그런 점에서 인문학은 등대와 같다. 미래의 진로 때문에 길을 잃어 갈팡질팡하며 답답해하는 아이들이 자기만의 해답을 찾을 수 있도록, 앞길을 환히 밝혀 주기 때문이다. 인문학이 진로를 고민하는 아이들에게 가치 있는 이유다.

인문학의 다른 이름은 바로 '책'이다. 모든 책은 인문학에서 출발했기 때문이다. 그래서 나는 '상담 편지'라는 형식을 빌려 집필한 이 원고에서도 '인문학', 그리고 '책'에 기대어 아이들의 미래와 꿈을 향해 더없이 든든한 응원을 보내고자 한다. 이 책을 읽는 독자들도 이렇게 외쳐 주기를 바란다.

"인문학아, 부탁해! 나의 꿈, 나의 미래."

2016년 화창한 가을 어느 날
저자 공규택

차 례

5 ⋯ **저자의 말**

공로는 사회에 돌리고, 책임은 나에게 묻다
: 전문가의 책무는 무엇일까?

14 ⋯ 내가 노벨상의 주인공이 되어 볼까? – 과학자
32 ⋯ 나의 길은 의술(醫術) 너머 인술(仁術)로 가는 길 – 의료인
50 ⋯ '돈'보다 '경제', 지금은 '경제 만능주의' 시대 – 경제 전문가
68 ⋯ '건물'보다 '사람'을 먼저 생각하다 – 건축가

나의 말은 세상을 춤추게 한다
: 소통의 의미는 무엇일까?

88 ⋯ 내가 만든 프로그램이 '한류'가 됩니다 – 방송인
104 ⋯ 집요하게 추적하고, 파헤치고, 쓰다 – 언론인
122 ⋯ 학생들이 행복해야 비로소 행복해지는,
　　　나는 대한민국 교사다 – 교사

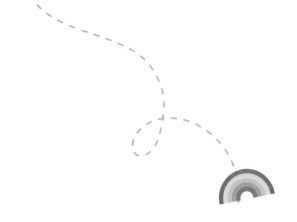

③ 시민과 함께 살고, 시민을 위해 살다
: 권력을 현명하게 사용하려면?

144 … 모든 권력은 국민으로부터 나온다 - 정치인
162 … 정의의 이름으로 세상의 모든 '악(惡)'을 심판하겠어! - 법조인
180 … 나는 '국가 대표 공무원', 국가와 세계를 위해 봉사한다 - 외교관
198 … 공권력의 최전선에서 국가와 시민의 수호자로 나서다 - 군인·경찰

④ 온몸으로 허문 장벽, 나는 한계를 뛰어넘는 사람
: 용기와 도전의 가치는 무엇일까?

218 … 미지의 언어에 도전하는 즐거움 - 통·번역가
234 … 더 높이, 더 멀리, 더 힘차게 내 꿈도 이루어진다 - 운동선수

1

공로는 사회에 돌리고, 책임은 나에게 묻다

: 전문가의 책무는 무엇일까?

내가 노벨상의
주인공이 되어 볼까?

: '과학자'를 꿈꾸는 친구들에게

▶▶ 핵심 도서

『과학혁명의 구조』 토머스 새뮤얼 쿤 / 까치

『과학의 사기꾼』 하인리히 창클 / 시아출판사

『통섭』 에드워드 O. 윌슨 / 사이언스북스

선생님 안녕하세요? 저, 찬영이에요. 저는 어려서부터
매사에 호기심이 많았어요. 모르는 게 생겼을 때 책을 찾아
읽고 정답을 알아내거나, 실험하고 관찰해서 새로운 사실을
발견하는 일을 무척 흥미로워했지요. 그래서 남들보다
과학책을 많이 읽었고, 각종 과학 실험대회나 경시대회에
참가하여 좋은 성적을 거두기도 했답니다.

소질도 소질이지만 과학 공부에 끊임없이 관심을 가지다 보니
자연스럽게 훌륭한 '과학자'가 되고 싶다는 꿈을 일찌감치 갖게
되었어요. 우리나라 최초로 노벨 과학상을 수상하는 영예로운
과학자가 되겠다는 원대한 포부도 있답니다. 선생님, 훌륭한
과학자가 되는 데 필요한 유용한 지식이나 마음가짐이 있다면
가르쳐 주세요.

공쌤의 편지

응용과학의 토대가 되는 순수과학

지적 호기심이 왕성하고 탐구심이 강한 찬영이가 장래에 '과학자'가 되겠다고 하니까 선생님이 단박에 고개가 끄덕여진다. 더구나 노벨상에 도전하는 과학자라니, 멋지구나. 하지만 과학자가 노벨상이라는 외적인 보상에만 목표를 두는 것이 바람직하지만은 않단다. 과학을 연구함에 있어 가장 중요한 것은 자연현상에 대한 순수한 호기심이야. 새로운 과학적 발견을 위해 갖가지 연구와 실험을 하고, 그 과정에서 지적 희열을 느끼는 것, 바로 그것이 과학자로서의 참된 행복과 보람이 아닐까 해. 그렇게 과학의 어떤 한 분야에 미쳐서 행복하게 매진하다 보면 저절로 따라오는 것 중에 하나가 '노벨상'이 될 수 있는 것이고 말이야.

과학의 연구 분야는 크게 '순수과학'과 '응용과학'으로 나눌 수 있어. 순수과학은 자연현상의 기본 원리를 탐구하고, 새로운 자연법칙을 발견하는 데 목적을 둔 학문으로, 물리학, 화학, 생물학, 천문학 등이 있어. 이에 반해 응용과학은 자연의 기본 원리를 특수한 목적의 기술에 활용하는 학문으로, 기계공학, 건축공학, 우주공학, 화학공학 등의 분야가 있단다. 노벨상은 이 가운데 주로 순수과학 쪽의 손을 많이 들어 주는 편이야. 독일, 일본, 미국 등 과학 강국이라고 불리는 국가들을 보면 순수과학 분야가 탄탄하지. 순수과학은 장기적으로 응용과학 분야에서 새로운 기술 개발의 발판을 제공하거든. 우리나라는 당장 눈앞에 보이는 성과만 중요시하다 보니, 주로 응용과학 쪽에만 매달리는 풍토가 있는데 이는 상당히 아쉬운 부분이란다.

순수과학은 기초과학이라고도 불려. 이는 순수과학이 모든 응용과학의 토대가 되기 때문인데, 당장에 성과가 없다거나 경제적 이득이 없다고 해서 기초과학을 등한시하는 태도는 과학의 기초 체력을 떨어지게 만든단다. 이는 장기적으로 응용과학의 발전을 저해하고, 국가의 미래를 어둡게 만드는 결과를 초래하지. 과학자를 꿈꾸는 찬영이의 미래를 위해서라도, 기초과학에 대한 국가 차원의 뚝심 있는 투자와 관심이 지속되었으면 참 좋겠구나.

참, 그런데 찬영이는 어떤 과학자가 되고 싶니? 상대성 이론을 발표한 알베르트 아인슈타인? 아니면 평생 한 번 받을까 말까

물리학자, 생물학자, 화학자

한 노벨상을 두 번이나 받은 마리 퀴리? 역사적으로 과학의 '패러다임'을 바꾼 위대한 과학자들의 면면을 살펴보면, 응용과학보다는 순수과학에 몰두했다는 사실을 알 수 있단다. 그래서 말인데, 지금부터 '패러다임' 이야기를 할까 해.

과학은 '패러다임'이 바뀌며 혁명적으로 진화한다

미국의 과학철학자인 토머스 쿤Thomas S. Kuhn의 『과학혁명의 구조』는 '패러다임(paradigm)'이라는 개념을 도입한 책으로 유명해. 과학의 역사를 되돌아보면 특정 시기에 당대 과학자들에 의해 공식적으로 인정되는 공통된 사고의 틀이 존재하는데, 쿤은 이것을 '패러다임'이라고 했어.

예를 들어 볼게. 한때 천문학에서는 지구를 중심으로 천체의 운동을 설명하는 천동설이 지배적인 학설로 인정받았어. 이때를 천동설의 패러다임이 지배하던 시기라고 할 수 있지. 그러다가 결국 코페르니쿠스라는 천문학자가 태양을 중심에 두고 행성의 운동을 바라보는 지동설을 제기했어. 지동설은 사람들이 오랫동안 진리로 믿어 온 천동설을 완전히 뒤엎는 것이라 기존 과학자들의 거센 비판을 받았단다. 코페르니쿠스의 주장을 받아들이려면 단순히 '지구가 태양 주위를 돌고 있다'는 사실을 이해하는 것이 아니라, 우주에 대한 개념을 통째로 바꿔야 했거든.

하지만 천동설에 들어맞지 않은 이상(異常) 현상들을 지동설로

코페르니쿠스

쉽게 설명할 수 있게 되면서, 천동설은 점차 그 입지를 잃어 가고 지동설이 기존의 패러다임을 대체하며 새로운 사고의 틀로 자리매김하게 되었지. 과학의 역사를 통틀어 이와 같은 '과학혁명'을 이루어 기존의 패러다임을 완전히 뒤엎을 정도의 업적을 남긴 사람들로는 코페르니쿠스 이외에 뉴턴, 아인슈타인, 다윈, 하이젠베르크 등을 꼽을 수 있어.

　위에 나열한 과학자들의 연구 업적은 패러다임을 바꿀 정도로 위대하고 유명한 것이니 찬영이가 개인적으로 찾아보기로 하고, 선생님은 토머스 쿤이 위의 책을 통해 설명한 '과학혁명의 구조'를 쉽게 설명해 줄게. 그는 과학의 발전이 새로운 지식이 쌓이고 쌓여서 '누적적'으로 이루어지는 것이 아니라, 자연을 바라보는 논리적인 사고의 틀인 패러다임이 기존의 것에서 새롭게 교체되면서 '비약적'으로 발생한다고 주장했어. (A)와 같이 점진적으로 발전하는 것이 아니라 (B)처럼 패러다임의 교체에 의해 혁명적으로 발전해 나간다는 거야. 과학의 발전이 마치 계단 모양처럼 갑자기 단절되면서 다음 단계로 비약하게 되는 지점이 바로 패러다임의 전환이 일어나는 부분인 거지.

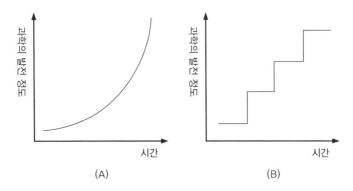

(A)   (B)

찬영이가 노벨상에 도전한다는 당찬 포부를 밝혔으니, 이왕 노벨상을 탈 것이라면 과학혁명을 이룰 정도의 위대한 연구를 해내기를 바랄게. 찬영이의 손에 의해 우리 시대 과학의 '패러다임'이 바뀌는 날을 기대해 봐도 되겠지?

유혹을 뿌리치고 순수하고 '착한' 과학자가 되어라

앞서 선생님이 이미 강조했지만, 노벨상과 같은 부귀·명예만을 맹목적으로 좇는 과학자가 되어서는 곤란해. 연구의 순수성을 잃은 과학자는 종종 치명적인 유혹에 빠지기 쉽기 때문에 그렇단다. 독일의 수의학, 인류학 박사인 하인리히 창클^{Heinrich Zankl}이 쓴『과학의 사기꾼』은 치명적인 유혹에 빠졌던 일부 과학자들이 펼친 '사기극'의 전모를 생생하게 밝힌 흥미로운 책이야.

　과학자가 무슨 사기를 쳤냐고? 관찰 결과를 임의로 만들거나 바꿔치기하고, 가설에 들어맞지 않는 값들을 아예 빼 버려서 실험 결과를 조작하기도 했어. 또 측정값이 미리 기대했던 범위에 맞게 나올 때까지, 통계 처리 방법을 뒤바꿔 가면서 실험을 되풀이하기도 했고 말이야. 저자는 객관성을 생명으로 하는 학문 연구의 세계에서 일부 과학자들이 저질렀던 비도덕적인 행위의 유형을 각각 '위조(forging), 요리하기(cooking), 다듬기(trimming), 장난질(hoaxing)' 등으로 나누어서 정리했어.

　이 책을 보면 '학자'라는 직함을 단 지식인들 사이에서도 비도덕적인 행위가 비일비재했다는 걸 알 수 있어. 심지어 근대 과학혁명의 출발점이 됐던 물리학의 대가(大家) 아이작 뉴턴도 자신의 이론에 들어맞지 않는 측정값이 나오자, 이를 미리 정해 놓은 값에 가깝게 되도록 교정 계수를 가지고 다듬기를 일삼았던 적이 있다고해. 우리 사회도 이와 유사한 일을 경험한 적이 있어. 2005년 말 세계적 학술지《사이언스》에까지 게재되었던 황우석 서울대학교 교수의 줄기세포 연구 논문이 결국 거짓으로 밝혀져, 과학계 내부뿐아니라 한국 사회 전체에 큰 충격을 안겨 줬지.

이런 불미스러운 일을 처음부터 의도적으로 저지른 과학자도 있지만, 많은 과학자들이 연구에 몰입하다 보면 자신도 모르는 사이에 의도치 않게 실험 결과를 조작하는 경우도 많다고 하더구나. 이 책을 읽고 비양심적인 과학자들을 단순히 비난하는 데 그치지 말고, 찬영이가 훗날 과학자가 되었을 때 행동 지침을 세우는 데 반면교사로 삼으면 어떨까? 특히 이 책에 담겨 있는 연구의 순수성을 망각한 부정한 행위를 늘 삼가고 조심하라는 강력한 경고의 메시지를 꼭 기억하면 좋겠구나.

그렇다면 과학의 현장에서 연구의 순수성을 견지한, 이른바 '좋은 과학' 혹은 '착한 과학'을 하기 위해 과학자가 가져야 할 올바른 태도는 무엇일까? 사회 어느 분야에서든 도덕성을 갖추는 것은 중요하겠지만, 엄밀성과 진실성을 표방하는 과학의 세계에서만큼은 더 엄격한 도덕성이 요구되어야 할 것 같아. 우리 사회가 이미 경험했던 바, 과학자의 그릇된 마음가짐이 초래하는 사회적 파장은 상상을 초월하니까 말이야. 선생님이 해 준 이야기를 듣고 찬영이가 '과학 연구 윤리'의 필요성에 대해 충분히 공감한다면 『과학 윤리 특강』(이상욱·조은희 엮음, 사이언스북스)이라는 책을 추가로 읽어 볼 것을 권할게.

그런데 사실 과학자에게는 윤리 의식만 필요한 것은 아니야. 미래 사회에서는 또 다른 인문학적 능력도 함께 갖추는 것이 좋아. 왜 그런지는 다음을 읽어 보자.

과학적 발상이 인문학적 통찰을 만났을 때

미국의 IT 기업 '페이스북'의 창업자 마크 저커버그가 컴퓨터 공학을 전공한 공학도였다는 사실은 다들 알고 있을 거야. 그런데 그가 심리학을 동시에 전공한 '인문학 마니아'였다는 점을 혹시 알고 있니? 또 세계적인 하이테크 기업 '애플'의 창시자 스티브 잡스가 살아생전에 인문학을 중요시했다는 얘기는 혹시 들어 봤니? 인문학은 '사람'을 향해 있는 학문이야. 언젠가 잡스는 "기술이 아닌 사람의 마음에서 세상을 바라보아야 한다."라고 말한 적이 있는데, 아마도 그는 인문학의 본질을 제대로 알고, 이를 첨단산업에 융합하려고 했던 것 같아.

미국의 생물학자 에드워드 윌슨Edward O. Wilson은 그의 명저『통섭』에서 인문·사회·예술·윤리·종교 등 모든 분야의 학문이 '통섭(consilience)'을 이루어야 한다고 했어. 과학이라는 큰 틀에서 이들 학문의 통섭이 가능하고, 또 자연에 대한 더 깊은 통찰을 얻기 위해서는 통섭적인 연구가 반드시 필요하다고 주장했지. 통섭은 쉽게 말해 일종의 융합, 통합이라고 할 수 있어. 윌슨은 이 책에서 찰스 다윈의 이론에 입각해, 인간을 포함한 모든 동물의 사회적 행동을 진화론적 관점에서 설명하고 있어. 그는 사회학과 생물학이라는 전혀 다르게 보이는 두 학문을 접목하여 자연과학과 인문학의 간격을 메우고자 했지. 인문학의 탐구 대상으로만 여겨졌던 인간의 사회적 행동에 대해 최초로 생물학적 해석을 시도한 거야. 이런 공로로 윌

물리학자, 생물학자, 화학자

슨은 '사회생물학'의 선구자가 되었단다.

이 책에서 내세운 'consilience', 즉 '통섭'이라는 단어는, 그 이후로 학문 간의 자유로운 넘나듦과 소통을 통해 새로운 지식이 탄생하는 과정을 의미하는 말로 발전했어. 현재 '통섭'이라는 말은 인문학과 자연과학의 융합을 의미하기도 하고, 이질적인 두 개 이상의 학문을 융합한다는 의미로도 자주 쓰이고 있단다. 이 책이 명저로 꼽히는 이유는 오래전부터 별도의 학문이라는 인식이 강해서 각각 이질적인 세계를 구축해 왔던 '인문학'과 '자연과학'의 세계를 하나로 꿰어 보려는 시도를 했기 때문이야.

학교 현장에서도 곧 문과와 이과를 통합한 교육과정이 실시될 것이라고 해. 왜 이런 시도를 하려고 할까? 인문학적 상상력과 과학적 창조 능력이 서로 긍정적인 영향을 미치며 상호작용할 것이

'과학자'를 꿈꾸는
친구들에게

라는 기대가 바탕이 되고 있지 않나 싶어. 인문학은 대개 추상적인 개념과 이론을 다루며 구체적으로 손에 잡히지 않는 대상을 연구하는 반면, 과학은 자연과 물질의 본질을 실험 및 관찰을 통해서 알아내잖니. 이 때문에 인문학은 과학적 현상에 대해 풍부한 해석과 상상력을 제공할 수 있고, 거꾸로 과학은 인문학적 이론 탐구에 연구 방법 면에서 튼튼한 토대가 되어 줄 수 있어. 과학자라고 해서 과학이라는 한 우물만 파는 시대는 이미 지나갔단다. 인문의 우물, 예술의 우물, 종교의 우물 등을 고루 파 봐야만 여러 우물을 관통하는 거대한 물줄기를 잡아낼 수 있다는 점, 명심하렴!

이 책 한번 볼래?

『하리하라, 미드에서 과학을 보다』

이은희 / 살림

선생님이 너무 딱딱한 책만 소개했나? 이번에는 좀 재미있는 책을 한 권
들고 왔어. 혹시 '미드(미국 드라마)' 좋아하니? 독특한 소재와 긴장감 넘치
는 이야기 구조를 가진, 재미있는 미드를 보면서 과학 공부까지 할 수 있
다면 얼마나 좋을까? 『하리하라, 미드에서 과학을 보다』는 그걸 가능하게
해 줘.

이 책은 〈프리즌 브레이크〉, 〈그레이 아나토미〉, 〈하우스〉 등 한국에서 인
기를 끈 미드 속 에피소드가 어떤 과학 원리를 차용하고 있는지 알기 쉽게
설명해 준단다. 저자는 미드의 '참신한 소재'에 현미경을 들이대며, 미드보
다도 더 흥미진진한 현대 과학의 지적 향연을 가감 없이 보여 줘. 가령 〈프
리즌 브레이크〉의 주인공이 탈출을 위해 가짜 당뇨병 환자 행세를 하는
장면에서 인슐린의 기능과 당뇨병과의 관계를 설명한다든지, 〈CSI: 과학
수사대〉에서 일산화탄소를 이용한 살인 현장을 분석하면서 적혈구와 헤

'과학자'를 꿈꾸는
친구들에게

모글로빈의 기능을 알기 쉽게 풀어 주기도 하지. 자칫 지루하게 느껴질 수 있는 과학을 드라마의 흥미진진한 에피소드와 결합해 풀어내서, 책장 넘어가는 줄 모르고 읽게 되는 특이한 과학책이야.

이 책의 장점은 과학이 실생활에 어떻게 적용이 되는지 쉽게 알려 준다는 점이야. 위대한 과학 이론이 얼핏 생각하기에는 접근조차 어려울 정도로 거창한 것 같아 보이지만, 사실은 우리 주변에 엄연히 실재하고 있다는 사실을 깨닫게 해 준다는 점에서 큰 가치가 느껴지는 책이란다. 미드에 푹 빠져 본 경험이 있다면 더욱 크게 공감할 수 있을 거야.

 이 책 한번 볼래?

『진정일 교수, 詩에게 과학을 묻다』

진정일 / 궁리

『진정일 교수, 詩에게 과학을 묻다』는 시 속에 숨겨진 과학을 찾아보는 책이야. 화학자인 진정일 교수가 과학 용어와 맞닿은 시어를 찾아, 과학자의 냉철함으로 설명해 주지. 과학이라고는 눈곱만치도 끼어들 수 없을 것 같은 감성적인 '시'를, 이성의 최전선에 있는 '과학'과 긴밀하게 엮어 놓았다는 점에서 독특한 책이란다.

냉철한 과학이 감성적인 시를 만났을 때 어떤 내용이 펼쳐질지 찬영이는 상상이 되니? 저자는 시를 이해하는 데 과학적 지식이 어떤 도움을 주는지, 시적 상상력과 과학적 상상력은 어떻게 서로 영향을 미치는지, 시는 과학 연구에 어떤 영감을 주는지 등에 대해 풀어내고 있어. 또 개별적인 시 작품을 꼼꼼하게 예로 들면서 서로 이질적인 두 영역이 만나는 지점을 잘 짚어 내고 있어. 이를테면 김소월의 「밭고랑 위에서」를 통해 태양의 연소를 설명하고, 김동환의 「국경의 밤」에 등장하는 '바람 소리'와 같은 시어를 통해 소리의 과학적인 특징을 자세하게 설명하지. 압축미가 넘치는 시어들이 과학자의 시선을 만나 그 의미가 풍성해진단다. 과학자가 되려면 문학 따위는 하찮게 여겨도 된다는 생각은 이젠 노(NO)!

 이 영화 한번 볼래?

〈사랑에 대한 모든 것〉
제임스 마쉬 감독 / 2014년

〈사랑에 대한 모든 것〉은 루게릭병을 앓으면서도 과학 연구에 대한 열정을 멈추지 않고 있는 영국의 물리학자 스티븐 호킹의 이야기를 담았어. 그가 앓고 있는 루게릭병은 몸속의 운동신경이 서서히 파괴되어 전신이 뒤

틀리는 희귀 질환이야. 모든 근육이 위축되고 손발을 제대로 움직일 수 없어, 다른 사람의 도움이 없으면 한시도 살 수 없는 병이지. 하지만 스티븐 호킹은 온몸이 굳어 가는 와중에도 블랙홀에 관한 혁명적인 이론을 다수 발표하여, 현재 세계 물리학계에서 갈릴레오, 뉴턴, 아인슈타인의 계보를 잇는 위대한 이론 과학자로 칭송받고 있지.

스티븐 호킹은 영화에서 "우주 만물을 설명하는 단 하나의 공식을 찾고 싶어."라고 말해. 죽음 앞에서 오히려 삶의 강한 의욕을 확인한 그는 우주론 연구에 매진해, 박사 학위를 받고 『시간의 역사』를 집필하는 등 학자로서의 최전성기를 맞이하지. 스티븐 호킹은 인간의 의지가 우주보다 더 위대하다는 사실을 자신의 삶으로 몸소 보여 주고 있지 않나 싶어.

영화에서는 평소 잘 알려지지 않았던 스티븐 호킹의 일상을 엿볼 수 있단다. 온갖 시련에도 굴하지 않고 세계적인 이론 물리학자의 반열에 오른 그의 모습을 보고 나면, 그가 왜 위대한 과학자로 칭송받는지 실감할 수 있을 거야. 스티븐 호킹은 이 영화에서 이렇게 말해. "삶이 비록 힘들지라도, 살아 있는 한 희망은 있습니다."

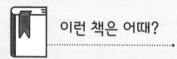

이런 책은 어때?

● 과학의 생생한 역사를 한 권으로 이해하고 싶은 이들에게
　　윌리엄 바이넘의 『창의적인 삶을 위한 과학의 역사』(에코리브르) ★★★
　　홍성욱의 『그림으로 보는 과학의 숨은 역사』(책세상) ★★★★

● 현대 과학을 둘러싼 문제와 쟁점을 인문학과 과학의 입장에서 입체적으로
　살펴보고 싶은 이들에게
　　가치를꿈꾸는과학교사모임의 『과학, 일시정지』(양철북) ★★
　　김상욱의 『김상욱의 과학공부』(동아시아) ★★★
　　김명진의 『할리우드 사이언스』(사이언스북스) ★★★

● 윤리 없는 과학의 비극에 대해 고민해 보고 싶은 이들에게
　　비키 오랜스키 위튼스타인의 『나쁜 과학자들』(다른) ★★
　　니콜라스 웨이드 · 윌리엄 브로드의 『진실을 배반한 과학자들』(미래인) ★★★

● 과학적 추론을 바탕으로 문제를 해결하는 과정을 엿보고 싶은 이들에게
　　랜들 먼로의 『위험한 과학책』(시공사) ★★★

● 과학자로서 성공적인 인생을 살기 위한 조언을 얻고 싶은 이들에게
　　에드워드 윌슨의 『젊은 과학도에게 보내는 편지』(쌤앤파커스) ★★★
　　진정일의 『과학자는 이렇게 태어난다』(궁리) ★★★

● 자연과학과 인문학의 융합적 사고를 키우고 싶은 이들에게
　　공지영 외 9인의 『인문학의 창으로 본 과학』(한겨레출판) ★★★
　　박민아 외 2인의 『과학, 인문으로 탐구하다』(한국문학사) ★★★
　　도정일 · 최재천의 『대담』(휴머니스트) ★★★★★

스왓(SWOT) 분석

선생님이 네가 꿈꾸는 너의 미래를 일목요연하게 정리해 봤어.
선생님이 해 준 이야기를 참고해서 너에게 꼭 맞는
자신만의 꿈을 설계해 보렴.

- 연구의 대상이 되는 새로운
  과학 분야가 계속 생겨남.
- 인간 본연의 호기심과 탐구심을
  충족시키는 지적 희열을 맛볼
  수 있음.

- 기초과학 분야에서 두각을
  나타내기가 매우 어려움.
- 만족할 만한 성과를 내는 데
  오랜 시간이 필요함.

S Strength 강점 **W** Weakness 약점
기회 Opportunity **O** 위협 Threat **T**

- 과학 분야에 대한 국가적
  관심과 지원이 지속됨.
- 과학기술에 대한 민간의 투자가
  증가함.

- 기초과학을 도외시하고
  응용과학에 지나치게 몰두하는
  학문의 편중 현상.
- 과학만능주의에 대한 사회적
  경계.

물리학자, 생물학자, 화학자

관련 직업
의사, 약사, 간호사

나의 길은
의술醫術 너머
인술仁術로 가는 길

: '의료인'을 꿈꾸는 친구들에게

▶▶ 핵심 도서

『페스트』 알베르 카뮈 / 책세상
『문명과 질병』 헨리 지거리스트 / 한길사
『에밀』 장 자크 루소 / 산수야

선생님, 안녕하세요? 윤호입니다. 한때 지구촌을 강타했던 '에볼라'라는 전염병 때문에 많은 사람이 고통받았잖아요. 에볼라의 악몽이 잊히기도 전에 '메르스', '지카 바이러스'가 유행했고요. 이들 신종 병원균은 아직 확실한 예방 백신이나 치료약이 없어서 더 큰 문제가 된다고 하네요. 의학이 아무리 발달해도 사람이 못 고치는 병이 자꾸만 생겨나니, 정말 안타까워요.

이 세상에는 불치병이나 난치병에 걸려 고통받는 환자들이 수없이 많다고 하죠. 저는 의사나 약사가 되어서 이런 환자들을 돌보고, 더 나아가 치료약을 개발하는 데 일조하고 싶어요. 의료인은 다른 직종에 비해 안정된 수입이 보장되니까 직업 자체로도 매력적이고, '사람을 살리는' 일을 한다는 점에서 보람이 큰 직업 같아요. 선생님, 제가 앞으로 진정한 의료인이 되기 위해서 알아 두어야 할 것이 무엇인지 알려 주시겠어요?

공쌤의 편지

질병 없는 세상을 꿈꾸다

평소 속 깊은 윤호가 나중에 커서 의료인이 되겠다고 하니 선생님도 적잖이 기대가 된다. 무엇보다도 윤호가 의사의 안정된 지위뿐만 아니라 '사람을 살리는' 일에도 관심을 가지고 있어서 참 다행이라는 생각이 들어.

요즘은 외과나 산부인과에는 의사가 모자라고, 성형외과나 안과 등에는 의사가 넘친다고 하더구나. 힘들이지 않고 일하면서 많은 돈을 벌고 싶은 건 누구나 갖고 있는 생각일 거야. 의사들도 이른바 '돈 되는' 진료 과목에만 몰리는 바람에 이런 현상이 일어났다는데, 나중에 커다란 사회문제가 될 수도 있다고 해. 다른 직업도 마찬가지이지만, 모든 의사가 손쉬운 일만 찾아다닌다면 꼭 필요한 곳에서는 의사가 부족해 많은 환자가 고통받을지도 모르잖니. 그런데 윤호가 난치병 환자들을 생각해서 스스로 험한 길을 마다하지 않겠다고 마음먹었다니, 우리 의료계의 미래가 마냥 어둡지만은 않은 것 같다.

　윤호가 앞서 걱정한 대로 2014년부터 전 세계적으로 에볼라가 극성이었단다. 비록 전 세계 의료인들의 퇴치 노력에 힘입어 '세계보건기구(WHO)에서 '에볼라 전염 사태 종식'을 공식 선언했지만, 환자가 발생한 서아프리카 일부 국가에서는 새로운 감염자가 발생되지 않도록 경계를 늦추지 않고 있지. 에볼라와 같은 신종 질병이 전 세계적으로 창궐하면, 효과가 입증된 백신이나 치료 방법이 없기 때문에 예상보다 더욱 심각한 결과를 초래하게 된단다. 이럴 때 의료인은 무엇을, 어떻게 해야 할까?

페스트의 공포와 맞닥뜨린 인간들, 그리고 의사

　윤호야, 혹시 '판데믹(pandemic)'이라는 말을 들어 봤니? 판데믹은 세계보건기구의 전염병 6단계 중 최고 위험 등급을 일컫는 말인데 세계적으로 전염병이 대유행하는 상태를 의미해. 그리스어로 'pan'은 '모두', 'demic'은 '사람'이라는 뜻으로, 전염병이 세계적으로 전파되어 모든 사람이 감염될 수 있다는 강력한 경고의 의미를 지니고 있지. 에볼라는 치사율이 높아 연구가 제대로 이뤄지지 않았을뿐더러, 그나마 존재하는 시험 단계의 치료제도 턱없이 부족해

페스트 치료에 나선 의사의 복장

'의료인'을 꿈꾸는
친구들에게

전 세계를 판데믹에 대한 공포로 몰아넣었지.

가장 최근에 선언된 판데믹으로는 2009년에 대유행했던 '신종 플루'를 꼽을 수 있어. 역사상 최악의 판데믹은 중세 유럽 인구의 3분의 1을 죽음으로 몰고 간 페스트(흑사병)였지. 판데믹은 인류를 파멸 직전까지 몰고 가는 긴박함이 있기에, 수많은 영화와 문학 작품의 단골 소재가 되기도 했어. 그중에서 1947년에 출간된 알베르 카뮈Albert Camus의 소설 『페스트』를 보면, 운명과도 같은 전염병의 공포 앞에서 의료인이 어떻게 행동해야 하는지를 진지하게 고민할 수 있단다. 평화로웠던 프랑스령 알제리의 해안 도시 오랑에서 언제부터인가 죽어 가는 쥐가 한두 마리씩 보이더니, 이내 사람들도 죽어 나가기 시작해. 정부 당국은 곧 페스트를 선포하고 도시를 봉쇄하지. 하지만 페스트는 걷잡을 수 없이 번져 가고, 사람들은 페스트와 사투를 벌이게 된단다.

이 소설에서 작가는 고립된 공간 속에서 재앙에 대응하는 다양한 인간들의 모습을 보여 주고 있어. 변변하게 손 한번 못 쓰고 맥없이 목숨을 내주는 사람, 극도의 혼란 속에서 당황하지 않고 질서를 찾으려 애쓰는 사람, 어떻게든 도시를 탈출하려고 노력하는 사람, 질병은 신이 내린 것이니 당연히 받아들여야 한다는 숙명론자, 질병이 모든 죄를 덮어 버리게 될 것이니 오히려 잘된 일이라고 기뻐하는 사람 등등, 정말 각양각색의 사람들이 존재하지. 이들 가운데 '리유'라는 의사가 가장 주목할 만해. 윤호가 책을 읽으며 유

의사, 약사, 간호사

심히 살펴봐야 할 인물이란다. 작품 안에서 리유는 자신에게 주어진 의사로서의 본분을 묵묵히 수행해. 목숨을 잃게 될지 모르는 상황에서도 물집을 째고 고름을 뽑아내며 환자를 돌보지.

윤호가 이 책을 읽으며 곰곰이 생각해 봤으면 하는 게 있어. 소설의 결말에 이르면 페스트는 서서히 잦아들기 시작해. 자신의 일을 충실히 수행했지만, 결국 아내와 친구를 페스트로 잃을 수밖에 없었던 리유는 마지막에 이렇게 읊조려. "(페스트에 대한 이 기록은) 성자가 될 수도 없고 재앙을 용납할 수도 없기에 그 대신 의사가 되겠다고 노력하는 모든 사람들이, 그들의 개인적인 고통에도 불구하고 아직도 수행해 나가야 할 것에 대한 증언일 뿐"이라고 말이야. 페스트는 죽어 없어진 것이 아니라 언젠가는 이 도시를 다시 습격해 올 것이고, 이러한 질병으로부터 인류를 지켜 내는 건 결국 '성자가 되지 못한 의사'의 몫이 아닐까. 윤호가 이 소설의 주인공 리유의 행적을 좇아가면서 그의 심리를 헤아려 본다면, 예비 의료인으로서 꽤 의미 있는 메시지를 얻을 수 있으리라 믿어.

왜 하필 아프리카일까?

지금은 에볼라가 인류의 위협으로 떠올랐지만, 불과 수십 년 전까지만 해도 에이즈의 공포가 이에 못지않았어. 윤호는 에볼라가 어느 국가에서 처음 발병되었으며, 에이즈로 여전히 고통받고 있는 지역이 어디인지 혹시 알고 있니? 에볼라는 아프리카 대륙의 시

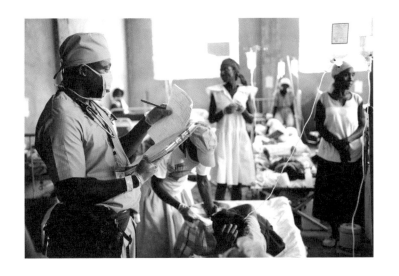

에라리온이라는 국가에서 처음 시작되었고, 현재 에이즈로 고통받고 있는 지역도 아프리카 대륙에 집중되어 있어. 그뿐만 아니라, 우리에게는 생소하기까지 한 '말라리아'라는 질병은 다수의 아프리카 사람들을 죽음으로 내몰고 있는 주범이기도 하지. 그렇다면 왜 유독 아프리카 대륙에 인류를 위협하는 질병이 몰려 있을까? 바꿔 말해 왜 아프리카 대륙 사람들이 상대적으로 질병에 취약할까? 스위스 출신의 의학사학자인 헨리 지거리스트Henry Sigerist가 쓴 『문명과 질병』이라는 책을 통해 이 물음에 대한 답을 찾아보도록 하자.

　　『문명과 질병』은 인류에 닥친 각종 질병을 '의학'이 아닌 다른 분야와 일대일로 관련지어 고찰하고 있어. 이 책의 독특한 점은 문명사적 시각으로 질병을 바라보았다는 점이야. 질병을 단순한 생물학적 과정을 넘어서 인류 문명의 모든 분야에 지대한 흔적을 남긴 계기로 보고 있거든. 가령 질병이 '종교'와 어떤 영향을 주고받는지, 혹은 '문학'과는 어떤 연관을 맺고 있는지 살펴보는 식이지. 그 밖에도 경제, 사회생활, 법률, 역사, 철학, 과학, 미술, 음악 등과 현대의 질병을 연관 지어 설명하고 있는데, 질병과 인류 문명의 함수관계를 조명하고 있는 저자의 시각이 흥미롭다는 생각이 들지 않니?

『문명과 질병』의 제2장은 '질병과 경제' 편인데, 내용에 따르면 어떤 사회에서든 질병 발생률은 주로 경제적 요인에 의해 좌우된다고 해. '빈곤'이 질병의 주요 요인이라서 부자보다는 가난한 사람이 질병으로 인해 더 고생하게 마련이라는 거야. 악성 질병이 주로 저소득 국가에서 널리 퍼지고 있다는 사실도 이것으로 설명이 되지. 오늘날 의학 기술의 눈부신 발전에도 불구하고, 아프리카와 아시아의 많은 국가에서 수억 명 이상의 사람들이 최악의 보건 환경에 노출될 수밖에 없는 이유도 그들이 경제적으로 낙후되어 있기 때문이야. 다시 말해 전염병으로 고통받는 아프리카인들의 문제에는 '의학'이 당장 어떻게 손쓸 수 없는 요인이 자리하고, 이것은 엄연히 '경제'의 영역이라는 것이 헨리 지거리스트의 생각이지.

『문명과 질병』에서 그가 제시한 처방은 간단하고도 명백해. 서방의 일부 부자 나라가 주체가 되어 세계 모든 지역의 생활수준을 향상시켜야 한다는 것이지. 어떤 나라든 다른 나라들의 희생을 바탕으로 혼자만 번영을 누려서는 안 되니까. 앞에서 말했다시피

'의료인'을 꿈꾸는
친구들에게

에이즈나 에볼라, 그리고 신종 플루 등은 특정 국가에서 발병하고 없어지는 것이 아니야. 언제든지 국제적인 규모로 번져 나가 인류 전체를 위협할 수 있지. 이 같은 사실을 인류는 이미 경험하지 않았느냐고, 저자는 이 책을 통해 준엄하게 꾸짖고 있어.

'의사'와 '의약'과 '의학'의 무용론

장 자크 루소Jean Jacques Rousseau의 『에밀』이라는 책은 태어나서부터 어른이 되기까지 아이를 양육하는 방법을 기술한 일종의 교육서야. 모두 5부로 구성되어 있는데, 그중 제1부에는 아이를 키울 때 의학(혹은 의술)에 의존하지 말 것을 당부하는 부분이 실려 있어. 장차 의료인이 되려는 윤호에게 한 번쯤 생각해 봄 직한 경구(警句)가 될 듯해 몇 부분만 소개할게. 루소의 말을 차분히 되새겨 보렴.

사람들의 일반적인 견해와는 달리 의술은 질병을 치료한다고 하나 질병보다 오히려 약으로 인한 피해가 더 크다. 의사들이 어떤 병을 치유하여 준다고 하는 것인지 정확히 알지 못하지만, 반면에 그들이 보다 더 치명적인 병을 우리에게 준다는 사실을 나는 분명히 알고 있다. 소심증이니, 맹신이니, 죽음에 대한 공포니 하는 것들이 그것이다. 그들은 우리의 육체를 치료하는 대신에 우리의 용기를 죽이고 있는 것이다.

— 장 자크 루소, 『에밀』에서

장 자크 루소와 「에밀」 초판본(1762년)

　　루소는 말 그대로 치료를 위한 약이 오히려 부작용이 더 크다
는 이야기를 하고 있어. 이 글을 읽으면, 루소는 약의 오남용을 걱
정하기보다 오히려 의약(醫藥) 자체에 대해 불신하고 있는 듯해. 그
리고 의사들이 연구하는 질병 관련 지식이 일반인에게 알려지면서,
오히려 질병과 죽음에 대한 공포를 키우고 있다고 지적하지. 현대
사회로 접어들어 매스컴이 발달하며 루소의 이런 지적은 더욱 현실
적인 이야기가 되었어. 의사들이 발표하는 연구 결과를 보다 보면
사람들은 온갖 질병에 노출될 위험을 안고 사는 시한폭탄이 된 듯

'의료인'을 꿈꾸는
친구들에게

한 착각마저 들어. 이 같은 사회적 맥락에서 생긴 현대인의 질환이 '건강 염려증'이야. 너무 많은 의학 지식을 일상적으로 접하면서 지나치게 자신의 건강에 대해 의심하고 염려하게 된 거지.

> 의사가 시술해서 한 사람을 치료하는 이면에는 그로 인하여 많은 사람들의 죽음이 있을 수 있음을, … 모르고 있는 것이다. 진리를 가르쳐 주는 학문과 치료를 해 주는 의학은 양쪽 모두 매우 훌륭하지만, … 자연을 거역하면서 병이 낫기를 원하지 않는다면 의사의 손에 죽는 일도 없을 것이다. 그러므로 나는 의학이 일부의 사람들에게 유익하다는 것을 부인하지는 않지만, 인류 전체에 대해서는 유해하다는 것을 말해 두고 싶다.
>
> — 장 자크 루소, 『에밀』에서

이 글에서 보듯이 루소는 의사의 진료, 혹은 시술 행위에 대해서도 근본적으로 신뢰하지 않고 있어. 의사를 못 미더워했던 그는 자신의 병약한 몸 때문에 생리학과 해부학까지 직접 공부했다고 하지. 현대의 시각에서 볼 때 루소의 생각은 좀 지나친 면이 있지만, 몇 년 전 의료 사고로 안타까운 죽음을 맞이한 가수 신해철을 생각하면 틀린 말은 아니지. 의사의 과잉 진료와 대중의 공포감, 이를 예견이라도 한 듯한 수백 년 전 루소의 말들, 소름 돋지 않니? 결국 그의 말대로 '의사의 손에 죽는 일'이 실제로도 벌어졌으니 말이야. 의사의 손에 죽는 일을 피하기 위해서는 자연을 거스르는 인위적인 치료나 시술을 경계하라고 그는 말하고 있어. 루소의 이런 말들에 대해 장차 의료인을 꿈꾸는 윤호의 생각은 어떠니? 이런 루소의 주장을 어떻게 반박하겠니?

'의료인'을 꿈꾸는
친구들에게

지식 확장하기

이 책 한번 볼래?

『나이팅게일의 눈물』

게일 / BG북갤러리

『나이팅게일의 눈물』은 현직 간호사가 직접 쓴 글이야. 이 책에는 '대한민국에서 간호사로 산다는 것'이라는 의미심장한 부제가 붙어 있어. 이 부제에서 나이팅게일의 눈물이 어떤 의미인지 어렴풋하게나마 짐작할 수 있지. 우리는 흔히 '간호사' 하면 백의의 천사라고 하여 하얗고 깨끗한 제복을 입고, 환자들의 존경을 받으며 그저 평화롭고 숭고하게 일할 거라 생각해. 하지만 대부분의 간호사는 삶과 죽음의 경계에 놓인 환자들 사이에서 매일매일 치열하게 일하고 있어. 긴박함과 처절함이 공존하는 간호사의 하루하루는 전쟁터를 방불케 하지.

그렇다고 간호사가 마냥 힘들기만 한 것은 아니야. 나이팅게일이 흘린 눈물에는 고난, 슬픔, 죽음의 의미도 담겨 있지만, 그 안에는 기쁨과 행복, 보람과 감동 등이 함께 존재하거든. 생명의 존엄이라는 멋진 사명감을 품은 간호사로서의 삶을 이 책을 통해 확인해 보렴.

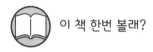

『나는 고백한다, 현대 의학을』

아툴 가완디 / 동녘사이언스

『나는 고백한다, 현대 의학을』은 의학의 불완전함을 고백하는 책이야. 이 책에서 저자는 의사들의 오류 가능성을 지적하고 임상 현장의 불확실한 상황을 짚어 보며, 어떻게 해서 의료 과실이 발생하는지 소상하게 밝히고 있단다. 또 현대 의학이 아직도 풀지 못한 수수께끼 같은 미지의 세계도 소개하고 있는데, 그것을 정복하기 위해 의사들이 얼마나 노력하고 있는지도 보여 주지.

이 책의 저자인 아툴 가완디는 스탠퍼드대학교와 옥스퍼드대학교를 거쳐 최종적으로 하버드대학교에서 의학 박사 학위를 딴, 그야말로 엘리트 중의 엘리트야. 그런 그가 이 책을 통해 현대 의학이 아직 "불완전한 과학이며, 오류에 빠지기 쉬운 인간의 모험, 목숨을 건 줄타기"라고 고백해. 저자의 적나라한 고백은 우리가 의사를 보면서 떠올리는 냉철함, 완벽함과는 거리가 한참 멀지. 그런데 아이러니하게도 오히려 이런 겸허한 고백을 듣고 나니 의료인에 대해 새로운 신뢰가 생기더구나. 선생님이 생각하기에 '좋은 의사'가 가져야 하는 최고의 덕목은 이처럼 자신의 불완전함과 모자람을 인식하는 겸허한 태도가 아닐까 하는데, 윤호 네 생각은 어떠니?

'의료인'을 꿈꾸는
친구들에게

 이 드라마 한번 볼래?

〈하얀 거탑〉

안판석 연출 / 2007년

일본의 동명 소설을 원작으로 한 〈하얀 거탑〉은 MBC에서 2007년도에 방송된 미니 시리즈로, 폐쇄적인 대학 병원을 배경으로 하고 있어. 의사 장준혁이 드라마의 주인공인데, 타의 추종을 불허하는 외과 수술의 천재로 불리지. 출세 지향적인 장준혁은 자신의 뛰어난 의술과 과도한 권력욕을 바탕으로 좀 더 높은 자리에 오르기 위해 온갖 노력을 마다하지 않아. 이와 대조적으로 그의 친구 최도영은 무엇보다도 환자를 우선시하며 인술을 펼치지. 그는 직관적이고 냉정한 장준혁과는 달리, 쉽게 병명을 단정하지 않고 확신이 들 때까지 의문에 의문을 거듭하는 인물이야. 이 때문에 두 사람은 늘 대립각을 세우지.

장준혁의 야망이 조금씩 실현되는 과정에서 최도영과의 갈등이 증폭되며 드라마의 긴장감은 극대화돼. 사람을 살리는 의사라는 직업의 소명 의식이 얼마나 감동적인지, 그리고 권력을 향한 인간의 야망이 얼마나 처절한지 동시에 깨닫게 하는 드라마란다. 의학계의 이면을 현미경으로 관찰하듯 세밀히 보여 주는 작품으로, 의사가 되고 싶다면 한 번쯤 시청했으면 하는 명품 드라마야.

의사, 약사, 간호사

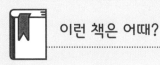

이런 책은 어때?

☞ 난이도
★ 하
★★★ 중
★★★★★ 상

● 의료 현장에서 분투하고 있는 의사의 경험이 궁금한 이들에게

박경철의 『시골 의사의 아름다운 동행』(리더스북) ★

폴 칼라니티의 『숨결이 바람 될 때』(흐름출판) ★

홍순범의 『인턴 일기』(글항아리) ★★

강구정의 『나는 외과 의사다』 (사이언스북스) ★★★

제롬 크루프먼의 『닥터스 씽킹』(해냄) ★★★

● 병상의 환자를 돌보는 헌신적인 마음을 잃지 않고 간호사로서의 소신을 지켜 온 이들의 삶에서 교훈을 얻고 싶은 이들에게

한화순의 『간호사, 너 자신이 되어라』(한언출판사) ★

문광기의 『미스터. 나이팅게일』(김영사) ★

● 의약품 개발자들의 생애와 의약품 발견의 뒷이야기가 궁금한 이들에게

마르시아 안젤의 『제약 회사들은 어떻게 우리 주머니를 털었나』(청년의사) ★★★

발리 우드워드의 『미친 연구 위대한 발견』(푸른지식) ★★★★

● 의학사의 큰 발자취를 짚어 보며, 건강과 질병에 대한 사고방식, 진단과 치료의 발전을 역사적으로 살펴보고 싶은 이들에게

크리스티안 베이마이어의 『의학사를 이끈 20인의 실험과 도전』(주니어김영사) ★★

존 퀘이조의 『콜레라는 어떻게 문명을 구했나』(메디치미디어) ★★★

헨리 지거리스트의 『위대한 의사들』(현인) ★★★★

● 인간의 질병과 건강 및 진화에 대한 과학적 통찰력을 얻고 싶은 이들에게

샤론 모알렘의 『아파야 산다』(김영사) ★★★

율라 비스의 『면역에 관하여』(열린책들) ★★★★★

리처드 도킨스의 『이기적 유전자』(을유문화사) ★★★★★

스왓(SWOT) 분석

선생님이 네가 꿈꾸는 너의 미래를 일목요연하게 정리해 봤어.
선생님이 해 준 이야기를 참고해서 너에게 꼭 맞는
자신만의 꿈을 설계해 보렴.

- 인간의 생명을 지키는 직업이기에 타인의 인정과 존경을 받음.
- 경제적으로 안정적인 보상이 주어짐.

- 고도의 전문성을 요구하기에, 의료인 자격을 취득하기까지의 과정이 비교적 길고 험난함.
- (의사의 경우) 진료 과목별로 선호도 차이가 극심함.

S
Strength
강점

W
Weakness
약점

기회
Opportunity
O

위협
Threat
T

- 의료 서비스의 다양화·고급화를 지향하는 소비자의 욕구 증대.
- 고령화사회로 접어들면서 건강에 대한 현대인의 관심 증대.

- 의료 과실(혹은 의료사고)에 민감해진 사회 분위기.
- 대형 병원 위주로 의료 서비스의 수요가 편중되는 현상.

의사, 약사, 간호사

'돈'보다 '경제', 지금은 '경제 만능주의' 시대

: '경제 전문가'를 꿈꾸는 친구들에게

▶▶ 핵심 도서

『애덤 스미스의 국부론을 말하다』 윤원근 / 신원문화사

『청소년을 위한 케인스의 일반이론』 류동민 / 두리미디어

『경제가 성장하면 우리는 정말로 행복해질까』 데이비드 C. 코튼 / 사이

선생님, 안녕하세요? 저는 장차 경제 전문가가 되고 싶은
정진이입니다. 현대인은 경제에 관심이 참 많은 것 같아요.
공공요금이나 세금 인상과 관련된 뉴스에 민감하고, 재테크나
국민연금 등에도 각별히 신경을 쓰는 걸 보면 말이에요. 사실
사람들이 직업을 갖는 이유도 경제적 요인, 즉 돈을 벌기 위한
목적이 크잖아요. 가만히 생각해 보면, 우리가 살아가면서
맞닥뜨리는 대부분의 문제가 곧 경제문제라 해도 될 만큼 경제
분야는 실생활과 밀접한 연관을 맺고 있어요.
그런 점에서 우리 사회의 경제 흐름을 분석하고 예측하는
경제학자는 진짜 매력적인 직업 같아요. 경제에 거품이 낀 것은
아닌지, 물가가 오르거나 내리는 이유는 무엇인지 등 경제의
흐름을 진단하고 적절한 처방을 내리는 일은 아무나
할 수 있는 것이 아니잖아요. 꼭 학자가 아니더라도 은행,
증권사, 보험사 등에서 근무하는 금융인도 되고 싶고,
전문적으로 재테크 상품을 다루는 펀드매니저라는 직업에도
관심이 있어요. 선생님, 장차 제가 경제 전문가가 되려면
어떤 점을 미리 알아 두면 좋을까요?

공쌤의 편지

세상을 경영하여 백성을 구제하다

요즘 다들 경제가 어렵다고 하는데 곰곰이 생각해 보면 우리가 언제 한 번이라도 흡족하게 경제가 좋았던 적이 있었던가 싶어. 사람들은 늘 지금보다 나은 경제 상황을 꿈꾸고 끊임없이 무엇인가를 욕망하지만, 그 욕망은 사실 쉽사리 채워지지 않거든.

지금 우리는 황금만능주의 사회에 살고 있어. 시쳇말로 '돈이면 안 되는 일이 없다'고 할 정도로 '돈'이 최고인 세상이 되었지. 하지만 정확히 말하면 지금은 '황금'이 아닌 '경제' 만능주의 시대라 할 수 있어. 정진이가 말한 것처럼 정치, 외교, 문화, 교육 등 사회 어느 분야도 경제 논리에서 결코 자유롭지 못한 것이 현실이야. 모든 것이 돈, 그러니까 '경제'와 맞물려 있지. 그래서인지 요즘 사람

'경제 전문가'를 꿈꾸는
친구들에게

들은 '경제'라는 영역에 더욱 큰 관심을 가지고 있단다. 그런데 이 것은 비단 현대인에게만 한정된 이야기는 아니야.

　동양의 전통 사상을 들여다보면 국가나 사회를 올바르고 윤택하게 경영하기 위해 '경세제민(經世濟民)'이라는 원칙을 강조하는 것을 볼 수 있어. 경세제민은 '세상을 경영하여(경세) 백성을 구제한다(제민)'는 뜻인데, '경세'가 '제민'을 위한 기본적 원리에 해당하고, '제민'은 '경세'의 구체적 목적이라 할 수 있지. 우리가 흔히 쓰는 '경제'라는 말은, 이런 심오한 뜻을 지닌 '경세'와 '제민'의 앞 글자에서 각각 따온 말이란다.

　경제라는 말의 어원을 따져 보면, 결국 경제는 '백성', 즉 사람을 위한 것이라는 사실을 쉽게 알 수 있어. 일찍이 '경제학'은 백성을 구제하기 위해 세상을 경영하는 방법을 연구하는 것에서 시작되었다는 의미지.

'보이지 않는 손'이 국부(國富)를 만든다

　경제학의 시초라 할 수 있는 애덤 스미스Adam Smith의 『국부론』역시 이런 맥락에서 살펴볼 수 있는 책이야. 정진이가 두꺼운 원전의 내용을 모두 이해하기 어렵다면 『애덤 스미스의 국부론을 말하다』라는 책으로 먼저 접해 봐도 괜찮을 거야. 애덤 스미스는 '백성을 구제하기 위한' 국가의 부를 증진하려면, 이기적인 인간들이 서로 경쟁하면서 사리(私利)만을 추구하고 오로지 이윤에 대해서만 생각해야 사회 전체에 이익이 된다고 주장했어. 이기적인 생각들이 모여서 어떻게 사회 전체의 이익(공익)을 만들어 낸다는 것인지 궁금하지 않니? 애덤 스미스는 '보이지 않는 손(invisible hand)'으로 이를 설명했단다.

사람들은 공익을 추구하려는 의도도 없고, 자신이 공익에 얼마나 기여하는지도 모른 채 자신의 이익만을 추구하곤 해. 그 과정에서 '보이지 않는 손'에 이끌려 의도하지 않았던 부수적 결실도 얻게 된다는 것이 그의 생각이지. 사람들이 자기 자신의 이익을 추구함으로써, 의도적으로 사회의 이익을 증진시키기 위해 노력할 때보다 결과적으로는 더 많은 사회적 이익을 증진시킨다는 거야. 이를 쉽게 설명하기 위해 애덤 스미스는 『국부론』에서 다음과 같은 유명한 예시를 들기도 했어. 정진이도 어디선가 들어 본 이야기가 아닐까 싶어.

우리가 매일 식사를 마련할 수 있는 것은 푸줏간과 양조장, 그리고 빵집 주인의 자비심 때문이 아니라, 자신의 이익을 위한 그들의 계산 때문이다.

— 애덤 스미스, 『국부론』에서

애덤 스미스는 개인의 자유와 자율성이 존중되면 시장에서 사회 구성원 간에 건전한 상호 경쟁이 일어나고, 이를 통해 자연스

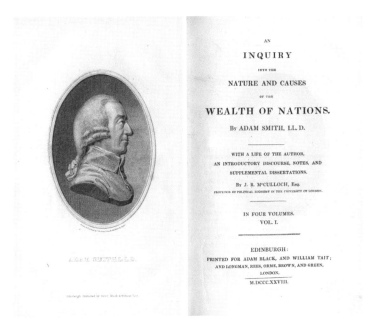

애덤 스미스의 『국부론』

럽게 시장의 공정성이 높아진다고 이야기해. 이러한 그의 생각은 사회의 부를 증진시키는 메커니즘을 이론적으로 모색했다는 점에서 의의가 있지. 개인이 자유롭게 이익을 추구하는 행위가 역설적으로 사회적 부를 창출한다는 이 같은 주장은 고전학파 경제학의 기본 전제가 되기도 했어. 간단히 말해서 시장은 자기 조절 메커니즘이 있기 때문에 완전히 자유롭게 내버려 두면 저절로 최선의 상태를 이룬다는 내용인데, 이는 1920년대에 세계 대공황이 닥치기 전까지 절대적 진리인 것처럼 받아들여졌지.

경제학자, 금융인, 펀드매니저

자유로운 시장에 개입하는 정부

그런데 '보이지 않는 손'에 시장을 자유롭게 맡겨 놓았는데도 실업 사태가 속출하는 등 엄청난 경제 불황이 찾아오게 돼. 1929년에 찾아온 세계 대공황이 바로 그것이지. 왜 불황이 왔을까? 이에 대해서 새로운 설명, 그리고 시급한 대책이 필요했어. 이때 나타난 사람이 바로 존 메이너드 케인스John Maynard Keynes라는 경제학자란다. 케인스는 1936년에 『고용, 이자, 화폐의 일반이론』이라는 책을 발표했는데, 이 책에서 그는 앞서 이야기했던 애덤 스미스와 달리 정부가 시장에 적극적으로 개입할 필요가 있다고 주장했지. 한마디로 '보이는 손'을 주장했다고나 할까. 이 책은 원전으로 접해도 좋지만, 청소년 눈높이에서 부담 없이 읽을 수 있도록 재구성한 『청소년을 위한 케인스의 일반이론』도 있으니 정진이가 독서할 때 참고하렴.

케인스는 경제가 인간의 합리적·이성적 판단에 의해서만 돌아가지 않으며, 인간의 비경제적인 본성도 경제를 움직이는 하나의 요인이 될 수 있다고 보았어. 이와 관련해 그는 '야성적 충동'이라는 말을 사용했는데, 이 말은 인간의 비합리적인 반응, 비경제적인 동기 등을 가리켜. 즉 사람들은 합리성에 근거한 경제적 동기가 아닌 심리적 요소에 의해서도 의사 결정을 하고 판단한다는 거야. 예를 들면 경제가 좋을 것이라는 확신이 들 때는 아낌없이 투자를 하던 사람들도 자신감이 떨어지면 투자와 씀씀이를 줄이게 되고, 이로 인해 경제 불황이 가속화되지. 그러면 소비와 투자가 부족해지

뉴딜 정책의 일환인 그랜드 쿨리 댐 건설을 위해 모여든 노동자들

는데, 이러한 현상이 과잉되는 것을 막기 위해 정부가 적극적으로 시장에 개입해야 한다고 케인스는 주장했어.

정부가 시장에 개입하는 방법은 크게 두 가지로 나눌 수 있어. 정부의 수입과 지출을 조절하는 '재정정책'과 화폐의 공급과 금리를 조절하는 '금융정책'이 그것이지. 실제로 미국은 세계 대공황 때 이 같은 정책을 사용하여 경제 위기에서 탈출했어. 역사 시간에 '뉴딜 정책'이라고 들어 봤지? 그 당시 미국은 정부 주도의 다목적 댐 건설 공사를 추진해 일자리를 창출하고, 이를 바탕으로 정부의

경제학자, 금융인, 펀드매니저

돈을 시장에 풀어 버리는 양적 완화를 시행했지. 극심한 경제 침체기에 인위적으로라도 국민의 소득을 늘려 주어 불황에서 탈출하도록 한 거야. 사실 우리나라가 불과 수십 년 만에 급속한 경제 발전을 이룰 수 있었던 것도 케인스의 영향을 받은 정부의 대대적인 시장 개입 정책에 의한 것이라고 볼 수 있어. 정부가 시장경제에 개입하면 한편으로는 시장의 자율성과 공공성을 훼손할 우려도 있단다. 하지만 어떤 의미에서는 국부(國富)가 국민에게 분배되는 효과도 있기 때문에 여전히 현실 경제 속에서 유효한 경우가 많아. 특히 극심한 경제 양극화가 문제시되고 있는 현대사회에서, 불황을 극복하고 고용을 창출하기 위한 케인스의 독창적인 이론이 다시 주목을 받고 있어. 이 책을 읽으면 날카로운 현실 인식과 정확한 분석을 핵심으로 하는 경제학의 진수를 맛볼 수 있을 거야.

빵의 크기를 더 키울까, 빵을 나누어 먹을까?

자, 이즈음에서 선생님은 경제의 또 다른 화두를 꺼내 볼까 해. 그것은 바로 '성장'과 '분배'의 문제란다. 쉽게 비유컨대 '빵의 크기를 키우는 것'과 '빵을 분배하는 것' 가운데 어느 것이 더 중요할까? 경제정책의 우선순위를 과연 어디에 두어야 할까?

애덤 스미스는 '보이지 않는 손'을 통해 '빵의 크기를 키우는 것'에 관심을 두었어. 우선 성장을 해서 빵의 크기를 키워 놓아야 분배되는 빵도 크다는 생각이었을 거야. 그래서인지 애덤 스미스는 국가의 전체적인 부를 증진하는 일과 관련해 선명한 정책적 방향을 제시하지. 반면에 케인스의 '일반이론'을 분석해 보면 성장뿐만 아니라 '빵을 분배하는' 문제에 대해서도 고민한 흔적을 엿볼 수있어. 그 결과 케인스는 정부가 시장에 개입하여 일자리를 창출하도록 했고, 이를 통해 국민에게 국가의 부를 조금이나마 돌려주었단다. 무작정 빵을 키우기만 할 것이 아니라, 여러 사람에게 나누어주어야만 더 큰 빵을 만들 수 있다고 생각했던 거야. 하지만 케인스의 이런 생각에도 불구하고, 오로지 '성장'만을 경제정책의 목표로삼았던 일부 국가에서는 예상치 못한 심각한 부작용이 나타나기 시작했어. 커진 빵의 혜택을 극히 일부 계층에서만 맛보게 되는, '빈부격차'라는 사회문제가 마침내 불거지고 말았던 거지.

전 하버드대학교 경영학 교수인 데이비드 코튼^{David Korten}은 자신의 저서『경제가 성장하면 우리는 정말로 행복해질까』에서, '우리가 과연 성장의 과실을 공정하게 분배받고 있는가'에 대해 의문을 제기해. 완벽하게 자유로운 시장경제에서 사람들은 무한 경쟁을할 수밖에 없어. 좋은 기회와 자원은 한정되어 있기 때문이지. 그런데 이 경쟁이 이루어지는 과정을 보면, 사회는 이미 많이 가진 자들에게 훨씬 유리한 구조로 되어 있단다. 결국 '경제성장'이라는 것은거의 갖지 못한 자의 소득을 빼앗아 많이 가진 자에게 이동시켜서,가진 자들의 소득을 더욱더 불려 준다는 거야. 그러면 어떻게 되겠어? 경제가 성장하여 빵이 커지더라도 그 혜택은 이미 빵을 많이

경제학자, 금융인, 펀드매니저

인도 뭄바이의 금융 지구와 인접해 있는 슬럼가

먹었고, 많이 소유한 부유한 사람들에게 또다시 돌아가는 꼴이 되
지 않겠어? 이것이 경제성장의 가장 큰 부작용이라고 코튼은 말하
고 있어.

'경제 전문가'를 꿈꾸는
친구들에게

그는 경제성장을 증진시키는 요인과 사람들을 더 나은 삶으로 이끄는 요인은 별개라고 이야기해. 그리고 경제적 수치의 양적 증가를 목적으로 하는 '성장 중심'의 경제정책보다는, 경제성장의 열매를 한 사람도 소외시키지 않고 모두에게 골고루 분배하는 '인간 중심'의 경제정책을 추진하자고 제안하지.

이즈음에서 우리의 경제 현실을 한번 생각해 보자. 우리 사회도 웬만큼 경제적으로 '성장'했으니 이제는 '분배'를 우선적으로 고려할 시기가 된 것일까? 아니면 빵의 크기를 더 키워서, 더 많은 지분을 분배받을 수 있을 때까지 좀 더 기다려야 할까? 이 문제는 정진이가 경제 전문가가 되더라도 긴장을 늦추지 않고 끊임없이 고민해야 할 주제가 될 거야.

이 책 한번 볼래?

『나쁜 사마리아인들』

장하준 / 부키

케인스 이론이 승승장구하는 듯했으나, 1970년대에 불어닥친 이른바 '석유파동'에는 이 역시 속수무책이었어. 이때 케인스 이론을 비판하는 '시카고학파'가 득세하면서 신자유주의가 대두하게 돼. 이들은 정부가 시장에 지나치게 개입하는 것은 경제의 효율성과 형평성을 악화시킬 뿐이라며 '세계화, 각종 규제의 완화, 시장 개방' 등을 주장했지. 장하준의『나쁜 사마리아인들』은 이런 신자유주의에 대해 비판적인 시선을 견지하고 있는 책이란다. 국가 경제가 성장하기 위해서는 완전한 자유 시장을 구축하기보다는 어느 정도 보호 장벽이 필요하고, 이를 통해 국내 산업이 경쟁력을 확보할 수 있도록 해야 한다는 게 그의 주장이야.

이 책의 제목인 '나쁜 사마리아인들'은『성경』에 나오는 '선한 사마리아인'을 살짝 비틀어 만든 말로, 곤경에 처한 이를 친절하게 도와주는 척하며 그의 돈을 강탈해 간 위선자를 일컫는단다. 저자는 신자유주의 경제정책

'경제 전문가'를 꿈꾸는
친구들에게

을 펴는 세계 강대국들이 '나쁜 사마리아인'처럼 위기에 처한 개발도상국을 이용하고 있다고 주장해. 영국, 일본, 독일, 프랑스 등 이른바 선진국들은 높은 관세 장벽을 쌓고 보호무역을 하며 성장했으면서도, 자신들을 모방하려는 개발도상국들에게는 자유무역을 강권하는 위선적인 모습을 보인다는 것이지. 저자는 후발 주자인 개발도상국들의 경제성장을 진정으로 도우려 한다면, 선진국들은 자신들이 그랬던 것처럼 어느 정도의 보호무역을 용인해야 한다고 주장해. 이 책을 정진이가 읽어 본다면 경제 문제에 완전무결한 해답은 없다는 사실을 깨닫게 될 거야.

 이 책 한번 볼래?

『부자의 경제학 빈민의 경제학』

유시민 / 푸른나무

유시민의 『부자의 경제학 빈민의 경제학』은 경제학이라는 거대한 숲을 한눈에 조망할 수 있도록 도와주는 책이야. 경제학의 아버지라 불리는 애덤 스미스에서부터 사회주의 국가 소련의 개방 개혁을 주도했던 고르바초프까지, 현대 경제학을 개척했던 수많은 위대한 사상가의 이야기를 흥미진진하게 다루고 있거든. 이 책의 장점은 경제학자들의 사상과 더불어 인간적 생애까지 곁들이고 있어서 딱딱하지 않게 서술되어 있다는 점이야. 현대 경제학의 이론은 물론, 이것이 현실 세계에서 어떤 모습으로 나타나고 있는지를 두루 살펴볼 수 있지.

제목에서 암시하듯, 이 책에서는 경제학자를 암묵적으로 두 부류로 나누고 있어. 가진 자(부자)의 이익을 대변한 경제학자와 가지지 못한 자(빈자)의 이익을 대변한 경제학자를 축으로, 이들이 학문적으로 대립하며 경제사에 어떤 발자국을 남겼는지 살펴보고 있지. 참, 그리고 이 책과 함께 토드 부크홀츠가 쓴『죽은 경제학자의 살아 있는 아이디어』도 읽어 보면 좋을 듯싶구나. 저자들의 시각이 다른 만큼 정진이 생각의 깊이와 폭도 훨씬 깊고 넓어질 거야.

 이 영화 한번 볼래?

〈인사이드 잡〉

찰스 퍼거슨 감독 / 2010년

2011년 아카데미 다큐멘터리 작품상을 수상한 〈인사이드 잡〉은 2008년에 일어난 세계적인 금융 위기를 배경으로 하고 있어. 당시 미국의 투자은행 리먼브러더스의 파산과 최대 보험사 에이아이지(AIG)의 몰락은 미국 경제

'경제 전문가'를 꿈꾸는
친구들에게

를 휘청이게 하며 세계경제를 뒤흔들었어. 이 영화는 미국에서 촉발된 세계적 금융 위기 사태의 원인을 날카롭게 분석하고, 이를 바탕으로 현재의 경제 상황을 진단하고 있지. 각종 금융 용어가 튀어나오고 경제학 수업처럼 그래프들이 등장하지만, 전문 지식이 없어도 영화의 흐름을 이해하는 데 큰 지장은 없단다.

영화는 차분하고 설득력 있는 내레이션으로, 세계 대공황 이후부터 오늘날에 이르기까지의 각 시대별·국가별 '진짜' 경제 현실을 충격적으로, 때로는 긴장감 넘치게 전하고 있어. 감독은 2008년의 금융 위기를 단순한 사고가 아니라, 무책임한 정부와 탐욕적인 금융기관, 경제 전문가 등이 공모해 만들어 낸 명백한 사기극이라는 결론을 내려.

현재 세계 각국은 경제 위기에 대응하기 위해 막대한 재정 지출을 통해 경기 부양을 도모하고 있는데, 이것이 더 큰 경제 위기를 초래할지도 모른다고 이 영화는 경고하고 있어. 아무리 유능한 경제 전문가도 예측하지 못한 '큰일'이 터질지도 모른다는 사실은 경제를 공부하는 사람을 한없이 겸손하게 만든단다.

경제학자, 금융인, 펀드매니저

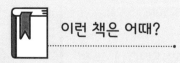

이런 책은 어때?

★ 하
★★★ 중
★★★★★ 상

● 금융계 종사자들이 일터에서 겪는 애환과 보람 등이 궁금한 이들에게
강동효 외 26인의 『금융인이 말하는 금융인』(부키) ★★
데이비드 본스타인의 『그라민은행 이야기』(갈라파고스) ★★★★

● 경제학적 사고방식으로 세상을 분석해 보고 싶은 이들에게
팀 하포드의 『경제학 콘서트』(웅진지식하우스) ★★★
스티븐 레빗 · 스티븐 더브너의 『괴짜 경제학』(웅진지식하우스) ★★★

● 사람들의 경제 행위 뒤에 숨겨진 심리를 탐구하고 싶은 이들에게
이준구의 『이준구 교수의 인간의 경제학』(알에이치코리아) ★★★

● 우리가 살고 있는 자본주의 체제를 비판적으로 이해하고 싶은 이들에게
EBS 자본주의 제작팀의 『자본주의』(가나출판사) ★★★
리오 휴버먼의 『자본주의 역사 바로 알기』(책벌레) ★★★★
장하준의 『그들이 말하지 않는 23가지』(부키) ★★★★

● 경제사상가들이 주장한 이론과 개념에 대해 간략히 이해하고 싶은 이들에게
홍은주의 『그림으로 이해하는 경제사상』(개마고원) ★★
마이클 굿윈의 『만화로 보는 경제학의 거의 모든 것』(다른) ★★
브누아 시마의 『위대하고 찌질한 경제학의 슈퍼스타들』(휴머니스트) ★★★
로버트 하일브로너의 『세속의 철학자들』(이마고) ★★★★

● 경제학의 기본 개념을 차근차근 습득하고 싶은 이들에게
장하준의 『장하준의 경제학 강의』(부키) ★★★★
그레고리 맨큐의 『맨큐의 경제학』(Cengage Learning) ★★★★★

스왓(SWOT) 분석

선생님이 네가 꿈꾸는 너의 미래를 일목요연하게 정리해 봤어.
선생님이 해 준 이야기를 참고해서 너에게 꼭 맞는
자신만의 꿈을 설계해 보렴.

- 경제는 실생활과 밀접하게
  연관이 되어 있는 대단히
  실용적인 직업군에 속함.
- 현대인의 공통 관심 분야이기
  때문에 선망의 직업군임.

- (전문가라 할지라도) 진단과
  예측이 매우 힘든 영역임.
- 해외 금융 담당자는 늦은
  밤이나 새벽에 근무를 해야
  할 수 있음.

- 국가 정책이 '경제' 분야에
  초점이 맞춰져 있음.
- 내수 중심의 경제가 '글로벌
  경제' 체제로 확대되는 추세.

- 경제 분야가 물질 만능주의와
  지나치게 결탁될 경우, 각종
  사회문제를 양산할 우려가
  있음.

경제학자, 금융인, 펀드매니저

관련 직업
건축설계사, 건축디자이너, 건축공학자

'건물'보다 '사람'을
먼저 생각하다

: '건축가'를 꿈꾸는 친구들에게

▶▶ 핵심 도서

『랜드마크; 도시들 경쟁하다』 송하엽 / 효형출판

『도시는 무엇으로 사는가』 유현준 / 을유문화사

『10대와 통하는 땅과 집 이야기』 손낙구 / 철수와영희 선생님, 안녕하십니까? 형진이입니다. 파리 여행을 다녀온 이모가 기념 선물로 에펠탑 모형을 사다 주셨는데, 선물을 받고 보니 '나도 파리에 가서 멋진 에펠탑을 직접 볼 수 있는 기회가 있었으면….' 하는 생각이 들었습니다.

사실은 제 장래 희망이 바로 에펠탑처럼 세계적으로 유명한 건축물을 짓는 것이랍니다. 훌륭한 '건축가'가 되어서 누구나 한 번쯤 찾아가 보고 싶게 만드는 아름다운 랜드마크를 세우고 싶습니다. 사람들이 웅장한 건축물을 바라보며, 그 건축물을 설계한 건축가의 이름을 저절로 떠올릴 것을 생각하면 벌써부터 가슴이 설렙니다. 이렇게 훌륭한 건축가가 되기 위해서는 지금부터 무엇을 미리 생각해 두고, 어떤 점을 먼저 알아 두면 좋을까요?

공쌤의 편지

위대한 건축물의 창조주

형진이가 '건축가'라는 아주 원대한 꿈을 가지고 있구나. 많은 사람들이 가고 싶어 하는 세계 명소에는 으레 유명한 건축물이 있게 마련이지. 비단 에펠탑뿐이겠니? 오스트레일리아의 시드니 오페라하우스, 미국의 자유의 여신상, 터키의 성소피아 성당 등 이름만 대도 알아주는 세계 유수의 건축물은 모두 위대한 건축가의 손에서 태어났단다. 이런 위대한 건축물의 창조주라 할 수 있는 건축가는 상상만으로도 참 매력적인 직업인 것 같아.

형진이가 무엇을 미리 알아 두면 좋을지 물었는데, 선생님은 무엇보다도 건축과 연관돼 있는 다양한 분야의 교양을 고루 쌓아 둘 것을 권하고 싶어. 건축만큼 여러 갈래의 학문과 연계되어 있는

'건축가'를 꿈꾸는
친구들에게

분야도 드물거든. 가령 건축디자인은 일차적으로 예술과 연결이 되어 있고, 건축공학은 수학이나 물리 같은 분야와 밀접한 관련을 맺고 있어. 또 건축설계와 도시계획은 의외로 정치, 경제, 행정 등 사회 분야의 학문과 연관이 깊단다. 이런 영향 관계 때문에 수학, 물리학, 예술, 경제학 등 다른 분야의 학문이 발달해 가면 건축 분야도 그 성과를 함께 누릴 수 있다는 이점이 있어. 그래서 건축은 미래 발전 가능성이 무궁무진하단다. 가령 새로운 예술 양식이 태동하면 건축디자인도 새로워질 것이고, 과학기술이 고도로 발달하면 그 덕분에 여태까지 상상할 수 없었던 고난도의 건축물이 탄생할 수도 있는 것이지.

우리나라의 경우 이미 1970~1980년대 산업화 시절부터 좁은 국토를 효율적으로 활용하기 위해 건축의 중요성이 일찌감치 대두되었어. 그리고 현재까지도 꾸준히 진행되는 주거 시설 개선 및 확충, 도시재개발 등과 같은 건축 관련 사업들이 건축가의 손길을 여전히 필요로 하는 상황이란다. 그렇다면 미래의 건축가 형진이의 손길에서는 과연 어떤 건축물이 탄생하게 될까?

도시는 '랜드마크'로 경쟁한다

건축가라면 누구든 자기 손으로 멋진 '랜드마크(landmark)'를 지어 보고 싶은 욕심이 있게 마련인데, 건축가의 꿈을 품은 형진이가 한 번쯤 되돌아봤으면 하는 문제가 있단다. 랜드마크는 짓고 싶다고 해서 마음대로 지을 수 있는 것도 아니지만, 규모가 크고 특이한 건물을 무작정 지어 놓기만 한다고 저절로 많은 사람들이 찾는 유명한 랜드마크가 되는 것은 아니야. 랜드마크를 짓는 데 우리가 고려할 사항이 몇 가지 있단다. 『랜드마크; 도시들 경쟁하다』는 전 세계 랜드마크의 건축 배경을 분석하고 있는데, 이 책을 보면 굴지의 랜드마크가 건설되는 과정에서 뜻밖에도 심각한 사회문제와 갈등을 야기한 경우가 허다했다는 사실을 알 수 있어.

　책에 나온 예를 한번 살펴볼게. 지금은 에펠탑 없는 프랑스 파리를 상상하기 힘들지만, 에펠탑이 완공되기까지는 우여곡절이 참 많았어. 처음 지어지기 시작할 때부터 각종 민원이 제기되었고, 공사 중지를 요구하는 사람들도 한둘이 아니었거든. 많은 시민들은 에펠탑이 완공되면 일조권을 침해할 것이라며 건축가를 고소했고, 1887년에는 프랑스의 예술가 및 문인들이 '예술의 도시' 파리에 기계적인 흉물이 들어서는 것에 반대한다는 공식 성명을 내기도 했어. 당시 에펠탑은 '심지 없는 촛불', '추악한 철 덩어리' 등의 모욕적인 비난을 받았단다.

　그런가 하면 2007년에 현대의 건축물로는 최초로 유네스코 세계 문화유산으로 지정된 오스트레일리아의 세계적인 명물 '시드니 오페라하우스' 역시 완공 전에는 애물단지로 취급받았어. 공사기간이 늘어나면서 건축 비용이 기하급수적으로 증가하기 시작해 정부가 감당할 수 있는 수준을 넘어섰거든. 날이 갈수록 오스트레

시드니 오페라하우스

일리아의 국민 여론은 악화되었고, 결국 오페라하우스를 설계·디자인했던 건축가 예른 웃손이 3년 만에 사직하게 돼. 우리나라에도 이와 유사한 예가 얼마든지 있어. 임진왜란 때 불타 버린 경복궁을 중건하기 위해 나선 흥선대원군이 백성들의 노동력을 강제로 동원하고 재원 조달을 위해 화폐까지 새로 만드는 바람에 나라 꼴이 말이 아니었지. 백성들의 원성이 자자했고, 양반과 유생들까지 들고 일어났을 정도였으니까 말이야.

　　에펠탑, 시드니 오페라하우스, 경복궁 모두 건축 당시에는 극심한 사회적 반대에 부딪혔고, 완공 과정도 순탄치 않았음을 목격

　　　　　　　　　　　건축설계사, 건축디자이너, 건축공학자

할 수 있어. 하지만 오랜 시간이 지나서 후대에는 그 지역과 국가를 대표하는 랜드마크로서 자리매김했다는 공통점이 있지. 이런 사실은 장차 건축가가 되려는 형진이에게 어떤 점을 시사할까? 어떤 역경이 있더라도 랜드마크가 될 만한 가치가 있는 건물은 뚝심 있게 짓고 보자? 선생님 생각에는 그건 아닌 것 같아. 아무리 미적으로 우수하고 기능이 뛰어나다고 해도, 사회적 합의가 이루어지지 않은 건축물은 자칫 사람들로부터 외면받는 흉물이 될 수 있다는 사실을 염두에 두어야 해.

『랜드마크; 도시들 경쟁하다』는 근대 이후 형성된 세계적인 랜드마크의 진화 과정을 냉철히 분석하며 진정한 랜드마크는 무엇인지, 앞으로 우리는 어떤 도시를 만들어 나가야 하는지 모색하고 있어. 이 책의 저자인 송하엽 중앙대학교 건축학부 교수는 예전에는 무조건 높은 건물이 랜드마크가 되는 시대였지만, 앞으로는 '사람'과 '환경', 그리고 '안전'을 고려하지 않은 건물은 랜드마크로서의 자격을 얻기 힘들 것이라고 예상하고 있단다. (주변 환경과 안전을 고려하지 않고) 국내 최대 높이로 지어진 '롯데월드타워'가 왜 공사 시작 이후 자주 구설수에 올랐는지, (접근성 등을 고려하지 않고) 인공으로 지어진 한강의 '세빛섬'이 왜 기대만큼 많은 사람들이 찾는 명물이 되고 있지 못하는지, 형진이도 한번 생각해 봤으면 좋겠어. 멋진 랜드마크를 짓고 싶다는 형진이가 타산지석으로 삼아야 할 점이 많을 거야.

건축에 대한 고정관념을 버려라

형진이는 건축에 대해 어느 정도 상식을 갖추고 있니? 건축물은 밖에서 볼 때 시각적으로 아름다워야 하니까 건축가는 당연히 '외부 디자인'에 신경을 많이 써야겠지? 그리고 도시의 전체 모습은 건축가(혹은 도시 설계가)가 '건축물을 어떻게 배치하느냐'에 따라 결정되는 것이겠고 말이야. 또 '도시재개발' 하면 낡은 건축물을 허물고 그 터 위에 새롭게 건물을 세워 도시를 말끔하게 정비하는 과정이 떠오르겠지? 그런데 이 모든 상식을 뒤집어 새롭게 바라볼 수는 없을까?

『도시는 무엇으로 사는가』를 읽어 보면 건축에 대한 참신한 시선을 만날 수 있어. 저자는 사람들이 건축물과 도시를 바라보는 각자의 시각을 가졌으면 하는 바람으로 이 책을 썼대. 틀에 박힌 고정관념에 도전하는 저자의 설명을 잠시 들어 볼까?

첫째, 건축물을 디자인할 때는 밖에서 본 겉모습이 제일 중요하다고 생각하지만, 건축물 안에서 밖을 바라보는 사용자의 시선 역시 간과해서는 안 돼. 저자는 우리나라의 전통 건축물이 안에서 밖을 바라보는 관점을 중요시 여긴다고 설명하며, 병산서원이나 소쇄원 등을 예로 들고 있어. 이들 건축물은 외부에서 바라보는 것보다는 마루에 앉아서 바깥 경치를 보는 것을 더 중요하게 고려해서 디자인했다는 거야. 건축은 인간이 안에 들어가서 사용해야 하는 것이기 때문에, 이렇게 내부에서 외부를 바라보는 시각도 중요하게

건축설계사, 건축디자이너, 건축공학자

여겨야 하는 것이지.

둘째, 도시는 이를 설계한 인간의 의해서 만들어졌다고 생각하기 쉽지만, 실은 자생적인 유기체와도 같아. 물론 빌딩, 다리, 도로 등과 같이 도시를 구성하는 대부분의 물리적인 구조물들은 사람에 의해서 만들어진 인공물이야. 하지만 실제 도시의 진화 과정을 살펴보면 도시 설계자의 의도대로가 아니라, 자연 발생적인 방식에 의해서 오랜 시간 변모해 왔다는 것을 알 수 있어. 초기에는 도시계획자에 의해 만들어졌더라도, 나중에는 경제적, 사회적, 정치적 요인에 의해 그 모습을 스스로 바꾸고 진화해 나가지. 마치 살아 있는 유기체처럼 말이야. 그렇기 때문에 아무리 전지전능한 건축가라도 도시를 한꺼번에 완성시킨다는 것은 불가능할 수밖에 없어. 하나의 도시는 주택 가격, 교육제도, 인구구조 등 셀 수 없이 많은 요소의 영향을 받아, 다양한 건축물(혹은 구조물)이 신축되고 소멸하며 진화해 가거든.

셋째, 우리는 도시재개발을 논할 때마다 항상 기존의 건물을 철거하는 것부터 먼저 생각하는데, 이는 아마도 과거의 낡은 것은 흉측하니 일단 없애고 보자는 사고방식에서 생겨난 고정관념인 것 같아. 하지만 옛 건축물을 없애고 새것을 아무리 지어 대도 한국의 도시는 유럽의 유서 깊은 도시에 비해 건축적으로 아름답다는 느낌을 받지 못해. 왜 그럴까? 가장 큰 이유는 오래된 건물이 없어서라고 저자는 말하고 있어.

'건축가'를 꿈꾸는
친구들에게

건축은 사람의 수명보다 오랫동안 지속된다. 오랜 시간을 거치면서 비로소 건축은 사람의 삶을 담아내고, 사람 냄새가 배어나는 '환경'이 되는 법이다. 그런데 애석하게도 우리나라에는 한국전쟁 이후에 새롭게 지어진 '젊은' 건축물만 있을 뿐이다. 절대적 시간이 부족하니 시간이 만들어 내는 유서 깊은 도시가 안 만들어지는 것이다.

— 유현준, 『도시는 무엇으로 사는가』에서

과거에 지어진 건축물을 모두 허물고 처음부터 다시 지어 대는 우리나라 재개발의 모습은 씁쓸하기만 해. 우리가 입에 침이 마르도록 칭찬하고, 방문하고 싶어 하는 도시인 프랑스의 파리도 알고 보면 수백 년 전에 유행하던 낡은 주거지로 채워진 도시일 뿐이거든. 그렇게 본다면 우리가 지금 살고 있는 낡은 집은 철거해야 할 대상이 아니라, 어쩌면 인내심을 가지고 바라보아야 할 보존의 대상은 아닐까? 이 책을 읽으며 도시의 밑그림을 그리고, 궁극적으로 인간의 삶을 디자인하는 건축가의 역할에 대해 진지하게 고민해 보면 좋겠구나.

유명한 건축가와 착한 건축가

형진이는 '유명한' 건축가 되고 싶니, '착한' 건축가가 되고 싶니? 유명한 건 뭐고, 착한 건 뭐냐고? 잘 들어 보렴. 유명한 건축가

건축설계사, 건축디자이너, 건축공학자

라면 모름지기 웅장한 위용을 뽐내는 '랜드마크'를 마음에 품는 것은 당연하고, 도시계획에 참가해 대도시의 스카이라인을 책임지는 마천루를 지어 보는 것도 멋있는 일이라고 생각하게 마련이지. 하지만 형진아, 우리 주변을 돌아보면 가족들과 단란하게 지낼 포근한 보금자리로서의 집 한 채가 더 중요하고 간절할 수도 있다는 생각이 드는구나. 사실 우리나라는 서민들의 주거 환경이 아직 만족할 만한 수준이 아니거든. 평범한 사람들의 행복을 책임질 쾌적하고 소박한 집이 더 많이 지어져야 하는데, (물론 이는 일차적으로 정부 당국이 책임져야 할 몫이지만) 이것 또한 '착한' 건축가의 중요한 소임이 아닐까 한다.

『10대와 통하는 땅과 집 이야기』는 우리 사회에서 '땅'과 그

'건축가'를 꿈꾸는
친구들에게

위에 지어지는 '건축물'이 어떤 의미를 갖는지 정치적·사회적 측면에서 파헤치고 있단다. 이 책에는 인간다운 주거 생활을 위한 최소한의 조건을 제시한 부분이 있는데, 형진이가 장차 착한 건축가의 길을 걷는 데 지침이 되지 않을까 해서 정리해 볼게.

첫째, 인간다운 삶을 위해서는 사람들이 기존에 살던 집에서 쫓겨나지 않고 살 수 있어야 해. 집세가 너무 비싸다든가, 재개발이 진행되어 불가피하게 쫓겨나는 일이 없어야 한다는 의미지. 둘째, 건강하고 위생적인 생활을 누릴 수 있어야 해. 이는 주거를 위한 기반 시설과 서비스가 잘 갖추어져 있어야 한다는 의미겠지? 셋째, 사람들의 경제 형편에 걸맞은 집들이 많이 공급되어야 해. 값비싼 대저택보다 합리적인 가격의 집이 많아야 사람들이 집을 구하기 쉬울 테니 말이야. 넷째, 주거 생활이 최저 주거 기준에 미달해서는 안 돼. 이를테면 모든 식구가 단칸방에서 함께 자야 한다든가 하는 조건은 곤란하겠지. 인간다운 생활을 위해서는 침실, 부엌, 화장실 등 최소한의 공간이 충분히 확보되어 있어야 할 거야. 다섯째는 노인, 장애인, 어린이도 불편함 없이 생활할 수 있도록 약자를 배려하여 설계된 집이어야 하고, 여섯째는 병원, 학교 등을 손쉽게 이용할 수 있도록 너무 외떨어지지 않은 곳에 집을 지어야 하지. 마지막으로 일곱째는 공동체의 익숙한 문화가 파괴되지 않아야 한다는 거야. 사람들이 대를 이어 오랫동안 살아온 곳에는 공동체가 존재하고 그곳만의 문화가 있게 마련인데, 개발을 명목으로 오래된 마을

건축설계사, 건축디자이너, 건축공학자

이 파헤쳐지면서 공동체 자체와, 한 마을의 고유한 문화가 한꺼번에 사라지는 일이 비일비재하거든. 이웃들 간에 쌓아 온 문화를 순식간에 파괴하는 것은 인간다운 삶을 침해하는 폭력적인 일이야.

　　이상에서 최저 주거 기준이라고 할 만한 일곱 가지 사항을 간추려 보았는데, 이것은 국제연합(UN)에서도 일찍이 각국에 권고했던 사항이라고 해. 형진이가 생각하기에 어떤 점이 제일 중요하고, 꼭 지켜져야 하는 일이라고 생각하니? 이 책을 읽으며 '집은 최소한의 인권'이라고 하는 국제연합의 선언이 어떤 의미를 갖는지 곱씹어 봤으면 좋겠어.

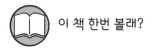

이 책 한번 볼래?

『건축, 음악처럼 듣고 미술처럼 보다』

서현 / 효형출판

건축가가 되어 창조적인 건축물을 짓기 위해서는 좋은 건축물을 볼 줄 아는 남다른 안목이 있어야겠지? 건축가들이 구체적으로 어떤 관점에서 건축물을 바라보는지 알면 더 좋고 말이야. 그런 안목을 기르고 싶은 형진이에게 『건축, 음악처럼 듣고 미술처럼 보다』를 추천할게. 이 책의 저자는 건축물을 정확한 눈으로 감상하기 위해 필요한 몇 가지 흥미로운 관점을 제시해. 제목에서 암시하듯 건축물을 마치 음악이나 미술 작품을 바라보듯 인문과 문화, 예술의 시각을 아우르면서 이야기를 풀어내고 있지. 감상의 기준은 건물이 만들어지는 과정에 따라 점과 선, 그리고 점과 선이 만나서 이루는 다양한 공간으로 확장되어 간단다. 때로는 건물의 재료로 쓰인 벽돌, 콘크리트, 강철, 유리 등이 하나의 감상 포인트가 되기도 해. 심지어 건물 속의 움직임과 소리, 건물의 빛과 그림자마저도 건물을 바라보는 하나의 관점이 될 수 있다는 점이 인상적이더구나. 이 책을 통해 건축물을 감상하는 새로운 안목을 기를 수 있기를 바랄게.

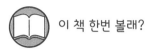 이 책 한번 볼래?

『나는 어떤 집에 살아야 행복할까?』

고제순 외 5인 / 철수와영희

만약 형진이가 누군가로부터 "당신은 어떤 집에 살아야 행복할까?"라는 질문을 받는다면 무엇이라고 대답할래? 의외로 답변이 쉽지 않지? 그것은 행복의 잣대가 사람마다 제각각이기 때문이기도 하지만, 무엇보다도 '집'이라는 것이 맥락에 따라 다양한 의미를 지닌다는 뜻이기도 해. 앞서 던진 질문을 제목으로 하고 있는 이 책은 우리가 사는 집을 역사적, 건축학적, 철학적, 사회적 측면에서 골고루 조명하고 있어.

흙집학교 교장 고제순, 건축 칼럼니스트 서윤영, 건축가 노은주, 길담서원 학예실장 이재성, 철학자 조광제, 노동 운동가 손낙구 등 이 책의 저자 6명은 획일화되고 서열화된 주거 문화의 틀에서 벗어나 '차별화된 집'을 꿈꾸라고 강조해. 현대인은 집을 단순히 경제적인 측면에서 생각하는 경향이 있는데, 이 책은 집이 지닌 의미를 입체적으로 파헤치고 있다는 점이 흥미롭더라. 단순한 '재산'으로서의 가치를 넘어 삶의 터전으로서 집의 의미를 깨달을 수 있는 책이야. 형진이도 집의 개념을 가능한 한 크게 넓혀 '나만의 집'을 짓는 상상을 해 보렴. 그 집의 모습은 형진이의 미래를 풍성하게 해 줄 거야.

'건축가'를 꿈꾸는
친구들에게

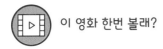 이 영화 한번 볼래?

〈말하는 건축 시티: 홀〉

정재은 감독 / 2013년

〈말하는 건축 시티: 홀〉은 다큐멘터리 영화로, 새롭게 단장한 서울 시청 건물이 어떤 과정을 거쳐 완공되었는지 보여 주는 작품이야. 정재은 감독은 공사가 한창이던 2011년 11월 카메라를 들고 현장으로 들어가 완공까지의 1년간을 성실하게 촬영했어. 신청사를 짓는 데 관여한 다양한 사람들의 인터뷰와 생생한 건축 현장을 카메라에 고스란히 담아냈지. 하나의 건축물이 완공되기까지 얼마나 많은 사람들의 노력이 필요한지, 공사 도중 수시로 맞닥뜨리게 되는 문제를 사람들이 어떻게 해결해 나가는지 등, 서울 시청을 하나의 표본으로 삼아 건축의 전 과정을 실감 나게 그리고 있단다.

작품을 보면서 선생님이 드는 생각은 '좋은 건축물'이 탄생하기 위해서 필요한 것은 단지 '좋은 건축가'만은 아니라는 점이야. 수많은 실무자들이 서로 뜻을 모으고 갈등을 조정하는 과정이 반드시 필요하고, 그 건물을 이용하고 바라보게 될 시민들의 생각도 읽어야 하거든. 계획 및 설계에서부터 시공, 완성 단계까지 건축의 생생한 현장을 간접 체험할 수 있는 작품이니, 건축의 세계가 궁금한 형진이가 보면 무척 흥미로울 거야.

건축설계사, 건축디자이너, 건축공학자

이런 책은 어때?

☞ 난이도
★ 하
★★★ 중
★★★★★ 상

● 선배 건축가들의 생생한 조언을 듣고 싶은 이들에게

　이상림 외 16인의 『건축가가 말하는 건축가』(부키) ★★

　안도 다다오의 『나, 건축가 안도 다다오』(안그라픽스) ★★★

　승효상 외 10인의 『건축이란 무엇인가』(열화당) ★★★★

● 건축학에 대한 기초 지식을 훑어보고 싶은 이들에게

　권선영의 『썬과 함께한 열한 번의 건축 수업』(컬처그라퍼) ★★

　미셸 프로보스트·다비드 아타의 『건축물의 구조 이야기』(그린북) ★★★

　리차드 웨스턴의 『건축을 뒤바꾼 아이디어 100』(시드포스트) ★★★

● '좋은 건축이란 무엇인가?'라는 질문에 답을 구하고 싶은 이들에게

　김미리 외 2인의 『삶을 닮은 집, 삶을 담은 집』(더숲) ★★★

　이일훈·송승훈의 『제가 살고 싶은 집은』(서해문집) ★★★

　나카무라 요시후미의 『내 마음의 건축』(다빈치) ★★★★

　나카무라 요시후미의 『집을, 순례하다』(사이) ★★★★

● 건축물이 도시 전체와 어떻게 조화를 이루어야 하는지 알고 싶은 이들에게

　이경훈의 『못된 건축』(푸른숲) ★★★

　김석철의 『도시를 그리는 건축가』(창비) ★★★★

● 건축을 둘러싼 사회적·역사적 맥락을 돌아보고 싶은 이들에게

　구본준의 『세상에서 가장 큰 집』(한겨레출판) ★★★

　김석철의 『김석철의 세계 건축 기행』(창비) ★★★★

● 미래의 건축이 어떤 모습일지 가늠해 보고 싶은 이들에게

　마크 쿠시너의 『미래의 건축 100』(문학동네) ★★★

스왓(SWOT) 분석

선생님이 네가 꿈꾸는 너의 미래를 일목요연하게 정리해 봤어.
선생님이 해 준 이야기를 참고해서 너에게 꼭 맞는
자신만의 꿈을 설계해 보렴.

- 창의적 아이디어의 산출물인 건축물은 완공 후에도 오랜 세월 동안 건축가로서의 보람과 자부심을 유지할 수 있게 해 줌.
- 건축은 여러 학문 영역과 연관성이 높아, 서로 긍정적인 영향을 주고받을 수 있음.

- 경제 상황과 상관관계가 높아 호황기에는 활발한 건축이 이루어지지만, 경기 불황이 시작되면 건축 업계가 직격탄을 맞을 수 있음.

S Strength 강점
W Weakness 약점
기회 Opportunity **O**
위협 Threat **T**

- 도심의 재개발, 신도시 개발 등으로 신축 건물에 대한 수요가 꾸준함.
- 좁은 국토를 가진 우리나라에서는 효율적 공간 활용을 염두에 둔 신규 건물 수요가 발생할 것으로 예상됨.

- '부동산 거품론', '금리 인상 우려', '재정 적자' 등 새로운 건축의 시도를 경계하는 사회적·경제적 위험성이 존재함.

85   건축설계사, 건축디자이너, 건축공학자

②

나의 말은
세상을 춤추게 한다

: 소통의 의미는 무엇일까?

내가 만든 프로그램이
'한류'가 됩니다

: '방송인'을 꿈꾸는 친구들에게

▶▶ 핵심 도서

『미디어의 이해 : 인간의 확장』 마셜 매클루언 / 커뮤니케이션북스
『텔레비전을 버려라』 제리 맨더 / 우물이있는집
『이성은 신화다, 계몽의 변증법』 권용선 / 그린비

선생님, 안녕하십니까? 저 승주입니다. 요즘 텔레비전을 보면
예능 프로그램이 무척 다양해지고, 기존에 볼 수 없었던 독특한
소재의 드라마도 제작되어 시청자들을 즐겁게 해 주고
있습니다. 여기에 그치지 않고 우리나라 드라마와 예능
프로그램이 해외로까지 수출되어 세계인의 많은 사랑을 받고
있고요. 그러다 보니 프로그램에 출연하는 연예인뿐만 아니라
콘텐츠를 제작하는 방송인도 연예인 못지않게 '스타' 대접을
받는 일이 많아진 듯합니다. 인기 있는 프로듀서나 작가들은
고액 연봉을 받고 다른 방송국에 스카우트되기도 한다면서요?
저도 나중에 커서 방송 콘텐츠를 제작하는 방송인이 되고
싶습니다. 방송인이 되기 위해 제가 미리 알아 두어야 하거나,
지금부터 준비해야 할 것이 있다면 가르쳐 주세요.

공쌤의 편지

대중문화를 이끌어 나가는 사람

승주가 작년 학교 축제에서 연극을 도맡아 극본을 쓰고 연출도 했다면서? 학생들은 물론 선생님들도 모두 즐겁게 지켜보았어. 연극의 아이디어도 좋았지만 평소에 친구들과 잘 어울리고 활동적인 승주의 모습을 보니 나중에 커서 프로듀서(PD)든, 방송 작가든 다 잘 해낼 수 있을 것 같다는 생각이 드는구나.

승주가 꿈꾸는 장래 희망은 '방송인'이라고 뭉뚱그려 말할 수 있겠어. 'PD'는 기획 단계부터 구체적인 연출, 편집 등 프로그램 한 편을 완성하기까지의 모든 과정을 총괄 감독하는 역할을 해. 그리고 '방송 작가'는 제작 형식을 기획·검토하고, 프로그램의 구성과 대본 작성 등에 참여하는 사람을 말하지. 방송 작가는 크게 교양 작

'방송인'을 꿈꾸는
친구들에게

가, 예능 작가, 드라마 작가 등으로 나뉘는데, 어떤 분야에서 일하느냐에 따라 업무는 약간씩 차이가 있어. 다른 방송 작가도 마찬가지지만, 특히 드라마 작가의 경우 해당 작품의 성공을 가늠하는 데 배우보다 오히려 작가의 힘이 더 크다고 말해. 그만큼 작가는 매우 중요한 역할을 하지.

여러 사람과 공동 작업을 통해 아이디어를 모으고, 끊임없이 새로운 프로그램을 창조해 내는 방송인은 요즘 청소년에게 꽤 인기 있는 직종 중 하나야. 정보 통신 기술에 힘입어 대중매체의 질과 수준이 하루가 다르게 높아지고, 전 세계적으로 한류 콘텐츠의 수요가 늘어남에 따라 전망도 무척 밝은 편이지. 승주가 꿈꾸는 방송인은 일차적으로 텔레비전이라는 매체를 사용한다는 점에서, 우선 '텔레비전'이라는 매체가 갖는 특성을 고찰해 보는 것은 어떨까?

텔레비전은 '바보상자'가 아니다

캐나다의 문화비평가인 마셜 매클루언H. Marshall Mcluhan은 『미디어의 이해』에서 매체를 '핫 미디어'와 '쿨 미디어'로 나누고 있어. 라디오나 영화처럼 하나의 감각에 집중하게 함으로써 청취자나 관객의 참여도를 떨어뜨리는 미디어를 '핫 미디어', 텔레비전이나 전화처럼 제한된 정보를 제공해 이용자의 참여도를 높이는 미디어를 '쿨 미디어'로 분류하고 있지.

여기서 말하는 '참여도'란 인간이 감각기관을 통해 받아들인 메시지의 뜻을 재구성하는 데 필요한 상상력의 투입 정도를 말해. 매클루언은 미디어 이용자는 정보의 빈칸을 자신의 '참여'로 채우려 들기 때문에, 둘 사이의 관계가 반비례한다고 봤어. 이를테면 라디오는 청각 하나에 집중하게 만들고, 영화는 시각에 집중하게 만드는 매체로, 제공되는 정보의 밀도가 매우 높다는 특징이 있어. 이말은 이용자가 채워 넣거나 완성해야 할 것이 별로 없다는 사실을 의미해. 즉 라디오나 영화는 이용자의 참여도가 떨어지는 매체인 것이지. 우리가 라디오를 대하는 사람을 '청(聽)'취자, 영화를 대하는 사람을 '관(觀)'객이라고 부른다는 것을 생각해 보면 고개가 끄덕여질 거야. 반면에 텔레비전은 라디오와 영화를 합쳐 놓은 포괄적 미디어로, 이를 감상하려면 여러 감각을 활용해야 한다는 특성이 있어. 정보의 밀도가 낮아, 이용자의 참여도가 높은 것이지. 그래서 텔레비전을 대하는 사람을 보고 듣는다는 의미로 '시청(視聽)'자라고

92   '방송인'을 꿈꾸는
친구들에게

하는 것 아닐까?

매클루언이 텔레비전을 참여도가 높은 매체라 주장한 이유는 "움직이는 혹은 나타났다가 사라지기를 반복하는 텔레비전의 콘텐츠는 가만히 넋 놓고 있으면 제대로 이해할 수가 없기 때문"이라고 해. 심지어 그는 텔레비전을 보는 행위가 책을 읽는 행위보다도 더 참여적이고 능동적이라고 말하지. 책은 주어진 정보가 빈틈이 없고 밀도가 높은 반면, 텔레비전은 정보 간에 빈틈이 많아서 그 여백을 시청자가 적극적으로 메시지를 구성하며 이해해야 한다는 거야. 이처럼 텔레비전을 대하는 대상이 참여도가 높다는 그의 주장은, 우리가 흔히 '텔레비전'을 '바보상자'라고 비판하는 것에 비하면 색다른 생각이 아닌가 싶어.

이 외에도 매클루언은 『미디어의 이해』에서 "미디어는 메시지다."라는 아주 중요한 명제를 남긴 것으로 유명해. 우리나라 도심에서 큰불이 일어났다고 가정해 볼게. 마침 한자리에 모여 있던 세 사람이 이 소식을 듣게 되었어. 어떤 이는 신문 기사에서, 어떤 이는 텔레비전 뉴스에서, 어떤 이는 친구와의 대화를 통해 같은 메시지를 접했지. 그렇다면 이 세 사람에게 전달된 각각의 메시지는 동일한 내용을 담고 있을까?

매클루언은 그렇지 않다고 이야기해. 그의 주장은 '미디어는 메시지를 전달하는 그릇이나 매개체에 불과하다'는 종전의 생각을 뒤엎는 매우 획기적인 것이었어. 모든 미디어가 그 자체로 우리의 인식 방식에 영향을 준다고 본 것으로, 미디어가 달라지면 그 메시지도 달라지고 이를 해석하는 우리의 인식 방식도 달라진다는 거지. 빽빽한 글로 채워진 신문 지면에서 읽는 사건·사고 소식과 텔레비전의 생생한 화면으로 보는 사건·사고 뉴스는 같은 콘텐츠라 할지라도 상당히 다른 느낌으로 다가온다는 점을 생각해 봐. 여기서 우리는 미디어 자체가 갖고 있는 힘의 크기가 어느 정도인지를 짐작해 볼 수 있단다. 선생님이 생각할 때 바로 그 '힘'이 일상에서 가장 강력하게 작용하고 있는 미디어는 바로 텔레비전이 아닐까 해. 승주는 가장 강력한 힘을 가진 매체가 무엇이라고 생각하니?

텔레비전을 버려야 하는 이유를 말하다

하지만 누구나 매클루언처럼 텔레비전을 고운 시선으로 바라보지는 않아. 『텔레비전을 버려라』의 저자인 제리 맨더 Jerry Mander 는 매클루언과 근본적으로 의견을 달리하거든. 매클루언은 텔레비전을 '참여적 매체'라고 했지만, 그는 텔레비전이 영상과 메시지를 수동적으로 받아들이게 하는 '수동적 매체'라고 주장해. 그리고 매클루언이 텔레비전의 폐해를 알리지 않았을뿐더러 오히려 인간과 전자 매체와의 관계를 공고히 하는 데 일조했다고 비판하지.

제리 맨더는 텔레비전이 없어져야 할 과학기술이라고 말해. 텔레비전은 마약과 같아서 인간을 세뇌하고 가치 의식의 마비와 혼란을 유발하여 인간의 감각을 박탈한다는 거야. 또한 매우 편협한 경험만을 제공함에도 불구하고 사람들이 이를 통해 많은 지식을 습득한다고 착각하게 되는 등, 인간의 인식 능력을 흐려 놓는다고 주장하지. 심지어 텔레비전은 일부 사람들이 자신의 지위를 더욱 견고하게 하는 데도 이용된다고 비판해. 그러니 마땅히 버려져야 하는 것으로 인식될 수밖에 없겠지.

승주야, 과연 텔레비전은 이렇게 인간의 정신에 백해무익한 것일까? 승주가 아무 반박도 못한다면 다음에 소개하는 책을 통해 더 큰 한 방을 맞을지도 몰라. 조심하렴.

'표준화', '사이비 개성화'의 덫에 빠지다

'대중문화'라고 하면 우리는 가장 먼저 '텔레비전'에 비춰지는 이미지를 떠올리게 돼. 그만큼 대중문화와 텔레비전은 밀접한 관계를 맺고 있지. 승주가 방송인이 된다는 것은 어떤 면에서 대중문화를 창출하고 선도하는 사람이 된다는 의미이기도 하단다.

그런데 독일의 철학자이자 프랑크푸르트학파의 중심인물인 아도르노Theodor W. Adorno와 호르크하이머Max Horkheimer는『계몽의 변증법』에서, 대중매체를 통해 전해지는 대중문화에 부정적인 의견을 내보이고 있단다. 이 책은 내용이 조금 어려운 만큼「문화 산업」이라는 챕터만 읽어도 좋고,『이성은 신화다, 계몽의 변증법』같은 쉬운 해설서를 읽어 보아도 좋아.『계몽의 변증법』에서 아도르노와 호르크하이머는 대중문화 상품이 공장 물건이나 패스트푸드처럼 대량생

호르크하이머(왼쪽)와 아도르노(오른쪽)

산된다는 점을 부정적으로 생각해. 지나치게 규격화되고 가벼우며, 항상 예상할 수 있는 범위 안에 있다는 거지. 이게 왜 문제냐고? 패스트푸드만 먹으면 건강을 해치듯, 이런 대중문화를 즐기는 사람들은 개성과 독립성, 사고력을 자신도 모르게 잃어 가게 되거든. 그러면서 이들은 이미 '문화 산업'이 된 대중문화가 '표준화'되고, '사이비 개성화'되고 있다는 데에 심각한 우려를 나타내고 있어.

먼저, '표준화'는 대량생산 체제에서 탄생한 대중문화의 본질적 특성으로, 자본과 손잡은 대중문화가 지나치게 '도식화'되거나 '스테레오타입(stereotype)'에 머무는 것을 의미해. '표준화'는 어감상 좋은 뜻으로 받아들여질지 모르지만 대중문화의 모든 산물이 표준화되고 있다는 것은 결코 바람직하지 않아. 예를 들어, 우리나라 드

'방송인'을 꿈꾸는
친구들에게

라마만 봐도 대개 비슷한 소재들이 반복적으로 나온다는 사실을 승주도 잘 알고 있을 거야. 신데렐라 스토리, 혹은 출생의 비밀, 불치병, 불의의 사고, 심지어 불륜과 스캔들까지, 이런 이야기 구조가 인기 드라마의 표준이라도 되는 양 무한 반복되고 있는 실정이지.

자, 이번엔 '사이비 개성화'에 대해서 이야기해 볼까? 요즘 드라마들은 흥행 실패를 막기 위해 '표준화'되는 추세이지만, 사실 이런 드라마는 종종 '막장 드라마'라는 냉혹한 평가와 함께 시청자의 외면을 받는 경우가 꽤 많아. 그래서 '새롭다, 무언가 다르다'는 인상을 심어 주기 위해, '신(新)-, 뉴(new)-, 신선한, 독특한, 참신한, 차원이 다른' 등의 형용사로 포장하곤 하지. 실제로는 전작에 비해 별반 다르지 않은데 말이야. 저자들의 말에 따르면, 이는 결국 새로운 것처럼 위장한 가짜, 즉 '사이비 개성'에 지나지 않아. 가령 새로운 예능 프로그램이 시작되면 이렇게 홍보하곤 해.

"이제까지 대한민국에서 볼 수 없었던 신개념 예능 버라이어티가 찾아왔습니다!"

"참신한 아이디어로 무장한 새로운 예능 프로그램이 여러분 앞에⋯."

그런데 막상 시청하고 나면 결국 어디서 본 듯한 느낌의 프로그램이라는 사실을 확인하게 되지. 아도르노와 호르크하이머는 이렇듯 틀에 박힌 대중문화의 산물들에 지속적으로 노출되면, 이에 익숙해진 대중은 자유로운 상상력과 반성적 사고가 마비되어 마침

내 정신적인 불구가 되어 버린다고 말하고 있어. 승주야, 네가 나중에 커서 프로듀서나 작가가 된다면 그들이 지적한 '표준화'와 '사이비 개성화'의 문제를 극복할 자신이 있니? 사람들이 능동적이고 창의적인 사유를 펼치며 신나게 즐길 수 있는 프로그램을 만들기 위해서는 어떻게 해야 할까? 잘 모르겠다고? 지금부터 고민해도 늦지 않았으니, 찬찬히 생각해 보렴.

 이 책 한번 볼래?

『10대와 통하는 미디어』

손석춘 / 철수와영희

방송인이 되기 위해서는 일단 미디어에 대해 충분히 알고 있어야겠지? 『10대와 통하는 미디어』는 청소년의 눈높이에서 미디어가 무엇인지 쉽고 재미있게 알려 주는 책이야. 미디어의 근간인 말과 문자에 대해 짚고, 신문과 텔레비전 등으로 이어지는 미디어의 역사를 살펴보는 한편, 트위터나 페이스북 같은 소셜 미디어까지 아우르고 있지.

이 책의 저자는 10대의 '절친'을 '미디어'라고 말해. 세상을 바라보는 틀과 인생관을 형성하는 데 큰 영향력을 행사하기 때문이야. 따라서 미디어의 특성을 올바르게 이해하고, 슬기롭게 활용해야 삶을 주체적으로 설계할 수 있겠지? 저자는 미디어의 역사와 의미를 짚는 데서 한발 더 나아가, 소수자를 위한 방송과 신문의 사회적 역할, 인터넷과 사회적 미디어의 올바른 사용 등을 소개하며 미디어에 대한 비판적 사고를 이끌고 있어. 이 책을 읽고 미디어를 '똘똘한 친구'로 만드는 방법을 고민해 보렴.

프로듀서(PD), 방송 작가

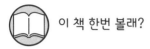

이 책 한번 볼래?

『바보상자의 역습』

스티븐 존슨 / 비즈앤비즈

『바보상자의 역습』은 텔레비전이 학습에 방해가 된다는 생각에 정면으로 반기를 드는 책이야. 상식을 뒤엎는 생각들 덕분에 선생님도 아주 흥미롭게 읽었던 기억이 있단다. '바보상자'라고 놀림당하고, 특히 교육열에 불타는 대한민국 부모님들에게 천덕꾸러기 취급을 받는 텔레비전 같은 대중매체가 우리를 똑똑하게 만든다고 주장하고 있거든. 이 책은 숱한 대중매체의 폐해에도 불구하고 대중문화가 갈수록 지적(知的)으로 변하고 있다는 사실을 근거로, 텔레비전이나 심지어 게임, 영화, 인터넷까지도 가치 있는 것일 수 있다고 주장해. 이를테면 여러 개의 줄거리가 동시다발적으로 전개되고, 등장인물들이 얽히고설키는 복잡한 텔레비전 드라마는 우리의 두뇌를 단련시킨다는 거야.

저자는 저널리즘, 신경 과학, 커뮤니케이션 이론 등을 동원해, 텔레비전을 비롯한 대중문화가 어떻게 우리의 두뇌를 훈련시키는지 분석하고 있어. 그가 제시한 논거를 따라가며 그 타당성을 따져 보는 것만으로도 이 책은 충분히 읽을 가치가 있어. 더욱이 훌륭한 방송인이 되려는 승주에게는 더할 나위 없이 신선한 지적 자극이 될 것이라고 믿어.

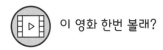 **이 영화 한번 볼래?**

〈트루먼 쇼〉

피터 위어 감독 / 1998년

피터 위어 감독이 연출한 이 영화의 제목 '트루먼 쇼'는 영화 속에서 어느 프로듀서가 기획한 예능 프로그램의 이름이기도 해. 〈트루먼 쇼〉는 한 인간의 출생부터 사망까지를 각본 없이 생중계하자는 아이디어로부터 시작돼. 그 대상이 된 사람이 바로 '트루먼'이지.

트루먼은 탄생의 순간부터 철저히 세팅된 방송국 안에서 방송 프로그램의 주인공으로 살게 된단다. 전 세계의 시청자들은 30년 가까이 그의 일거수일투족을 텔레비전을 통해 보고 있지만, 정작 트루먼 자신은 본인의 삶이 24시간 생중계되고 있다는 사실을 모르고 있지. 그는 반복되는 일상에서 이상한 낌새를 눈치채고, 결국 필사적인 노력 끝에 방송국 세트를 뚫고 나가 진정한 삶을 찾게 된단다.

이 영화는 요즘 범람하는 리얼리티 프로그램의 폐해를 예견한 듯 시청률을 위해 대중매체가 어느 정도까지 폭력적일 수 있는지 고발하고 있어. 이와 동시에 대중매체 본연의 기능이 과연 무엇인지 되돌아보게 한다는 점에서 승주에게 큰 배움이 되지 않을까 해.

101   프로듀서(PD), 방송 작가

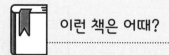

이런 책은 어때?

☞ 난이도

★ 하
★★★ 중
★★★★★ 상

● 시사 교양, 예능, 드라마, 편성 등 각 분야 PD의 현실을 이해하고 싶은 이들에게

　김신완의 『피디 마인드』(새잎) ★★
　김태년 외 3인의 『PD 인턴십 특강』(사람in) ★★★
　홍경수의 『확장하는 PD와의 대화』(사람in) ★★★

● 연출, 대본, 연기, 촬영, 편집 등 드라마 제작의 과정이 궁금한 이들에게

　신주진의 『29인의 드라마 작가를 말하다』(밈) ★★
　표민수의 『드라마 어떻게 만들 것인가』(씨네21북스) ★★★

● 텔레비전과는 또 다른, 라디오라는 매체의 매력에 빠진 이들에게

　박천기 외 8명의 『크게 라디오를 켜고』(청문각) ★★
　김승월의 『라디오 레시피』(커뮤니케이션북스) ★★★

● 매체를 연구하는 신문방송학의 진면목을 알고 싶은 이들에게

　김창룡의 『스마트폰이 세상을 바꾼다고?』(비룡소) ★
　강남준·윤석민의 『MT 언론 정보학』(장서가) ★★★

● 텔레비전의 부상이 가져오는 의미에 대해 비판적으로 성찰하고 싶은 이들에게

　노명우의 『텔레비전 또 하나의 가족』(프로네시스) ★★★★
　닐 포스트먼의 『죽도록 즐기기』(굿인포메이션) ★★★★
　피에르 부르디외의 『텔레비전에 대하여』(동문선) ★★★★★

● 미디어의 진화 과정을 역사적으로 살펴보고 싶은 이들에게

　김경화의 『세상을 바꾼 미디어』(다른) ★★
　깨끗한미디어를위한교사운동의 『청소년을 위한 미디어 여행』(한나래) ★★★

스왓(SWOT) 분석

선생님이 네가 꿈꾸는 너의 미래를 일목요연하게 정리해 봤어.
선생님이 해 준 이야기를 참고해서 너에게 꼭 맞는
자신만의 꿈을 설계해 보렴.

■ 대중문화를 창조 혹은 선도하며
  대중의 관심과 기대를 받음.
■ 영화, 광고 등 영상 관련
  직종으로 외연을 확대해 나갈
  수 있음.

■ 급변하는 대중의 욕구에 맞춰
  늘 새로운 것을 추구해야 하는
  압박감.
■ 시청률에서 자유로울 수 없는
  제작 환경.

■ 대중매체와 방송
  기술의 발달로 양질의
  콘텐츠 제작을 지원하는
  물리적 환경이 호전됨.
■ 한류 열풍 등으로 콘텐츠
  수요가 점점 늘어나, 그에 따른
  수익 증가 기대.

■ 대중매체의 폐해와 문제점이
  사회 이슈화됨.
■ 방송 제작사의 증가로 경쟁이
  심화됨.

관련 직업
신문기자, 방송기자, 사진기자, 아나운서

집요하게 추적하고,
파헤치고, 쓰다

: '언론인'을 꿈꾸는 친구들에게

▶▶ 핵심 도서

『세상은 어떻게 뉴스가 될까』 홍성일 / 돌베개
『언론 이야기』 피터 스티븐 / 행성B온다
『저널리즘의 미래』 이정환·김유리 외 5인 / 인물과사상사

선생님, 안녕하세요? 지연이입니다. 요즘에는 매스미디어가 발달을 해서 그런지 뉴스가 넘쳐 나는 것 같아요. 그런데 이렇게 뉴스가 끊임없이 쏟아지는데도, 사람들은 볼 만한 뉴스가 없다고 불평을 하고 심지어 믿을 만한 뉴스를 찾기 어렵다고 하네요. 이런 불신은 대체 어디에서 비롯된 걸까요? 저는 나중에 기자가 되고 싶은데, 요즘 인터넷 기사에 달린 댓글을 읽다 보면 기자를 '기레기'라고 비하하는 표현을 자주 접하게 돼요. 기자는 사회의 부조리를 고발하고, 대중에게 진실을 전하는 무거운 책임을 지니고 있잖아요. 사회 정의와 공익을 위해 일하는 기자가 왜 사람들에게 신뢰를 잃게 되었을까요? 나중에 꼭 훌륭한 언론인이 되어 이 '기레기'라는 오명을 벗기고 싶어요. 선생님, 어떻게 하면 대중에게 믿음을 주는 '말'을 하고, 많은 사람들이 찾아 읽는 '기사'를 쓸 수 있을까요? 참다운 언론인이 되는 데 도움이 되는 조언을 해 주세요. 예비 언론인이 미리 읽어 두면 좋은 책도 몇 권만 소개 부탁드릴게요.

공쌤의 편지

정론직필(正論直筆), 바르게 논하고 올곧게 쓰는 사람

　뉴스를 소비하는 입장에서 보면, 세상 참 좋아졌다 싶을 때가 많아. 몇십 년 전만 해도 일간지 구독이나 텔레비전 뉴스 시청이 아니면 세상 돌아가는 일에 대해 보고 들을 기회가 별로 없었는데, 요즘은 인터넷이나 스마트폰을 통해서 거의 실시간으로 기사를 접하고 있으니 말이야. 하지만 뉴스를 생산해야 하는 언론사의 입장에서는 실시간으로 뉴스를 제공해야 하니, 여간 힘든 일이 아닐 거야. 그래서인지 사실관계도 확인하지 않은 정보를 뉴스로 마구 내보내는 경우가 종종 보여.

　최근에는 저마다의 전문성을 내세운 언론사가 우후죽순처럼 생겨나고 있어. 넘쳐 나는 언론사와 마구잡이로 생산되는 기사는

'언론인'을 꿈꾸는
친구들에게

필연적으로 경쟁을 유발하고, 경쟁에서 살아남기 위해 기자들이 속보와 특종에 목매면서 자극적인 기사가 보도되기도 해. 이와 같은 행태는 자연스럽게 기사의 질 저하로 연결되지. 기사 내용에 깊이가 없는 것은 물론, 사실이 담기지 않은 추측성 기사도 버젓이 기자의 이름을 달고 나오고, 심지어 명백한 허위 기사가 보도되기도 해. 그뿐만 아니라 광고주의 입김에 의해, 정치권력의 압력에 의해 기사의 내용이 왜곡되는 경우가 심심찮게 존재한단다. 이런 상황에서 누가 신문 기사와 뉴스를 신뢰할까? 언론에 대한 대중의 불신은 언론 스스로가 불러들인 업보인 셈이야.

이런 상황에서 언론인은 어떤 마음가짐을 가져야 할까? 무엇보다도 언론 본연의 기능을 지키려는 노력이 필요하겠지. 언론은 사회의 모습을 왜곡하지 않고 그대로 반영하기에 '사회의 거울'이라고도 하고, 사사로이 이용되지 않고 공적인 기능을 담당하기 때문에 '사회의 공기(公器)'라고 부르기도 해. 따라서 참된 언론은 현실을 감시하고 비판하는 일을 게을리하지 말아야 해. 그 역할을 충실히 할 때 언론에 대한 대중의 신뢰는 자연스럽게 높아질 거야.

한편 정보 통신 기술의 눈부신 발전과 소셜 미디어의 대중화로 언론인에게 새로운 기회가 열리고 있기도 해. 뉴스가 전파되는 속도가 빨라져 대중에게 즉각적인 영향을 끼칠 수 있게 되었고, (신문기자이든, 방송기자이든, 사진기자이든, 외신기자이든) 새로운 사건·사고를 취재하고 보도하는 데도 매우 편리한 세상이 되었으니까 말이야.

즉 현재는 마음만 먹으면 언론인의 역할을 제대로 수행할 수 있는 물리적, 사회적 환경이 갖추어졌다고 선생님은 생각해. 지연이가 이런 기회를 잘 활용하여, 언론이 본연의 기능을 충실히 수행할 수 있도록 꾸준히 노력해 주렴. 지연이는 대중이 기자를 신뢰하지 못한다고 하였는데, 대중은 아직도 언론을 신뢰하고 언론에 대한 기대가 크단다. 지연이가 좀더 가치 있는 뉴스를 많이 발굴하고 성실한 보도를 이어 가는, 올곧은 언론으로 성장해 나간다면 잃어버린 대중의 믿음을 금방 회복할 수 있을 거야.

세상에서 일어나는 일이 뉴스가 되기까지

그렇다면 가치 있는 뉴스란 어떤 것일까? 일반적으로 가치 있는 뉴스의 기준으로 영향성, 시의성, 저명성, 근접성, 갈등성, 신기성 등을 꼽아. 즉 사건의 파급력이 클수록, 최근에 일어난 일일수록, 누구나 다 아는 유명인을 다룰수록, 우리 주변에서 일어난 일일수록, 이해 당사자가 극명하게 나뉘는 사건일수록, 보기 드문 사건일수록 뉴스의 가치가 높다는 말이야. 이런 기준으로 기자가 확보하고 취재한 뉴스는 일단 언론사에 모이게 되는데, 이때 큰 관문을 통과해야만 신문 지면이나 방송 뉴스에 나올 수 있어. 이 관문을 전문 용어로 '게이트키핑(gate keeping)'이라고 해. 각 언론사의 정치부, 경제부, 문화부와 같은 부서에는 이른바 '데스크(desk)'라고 불리는 책임자가 각각 있는데, 데스크가 뉴스의 가치를 재평가하여 신문 지면

이나 방송에서 뉴스를 선택하고, 누락시키는 등 편집권을 행사하게 돼. 자신이 취재해 온 뉴스가 데스크의 결정에 따라 미디어에 담기지 못하고 버려질 수도 있다는 말인 거지. 요컨대 게이트키핑은 뉴스를 취사선택해서 걸러내는 과정이야. 무엇을 주요한 사회적 의제로 삼을지, 혹은 무엇을 주요 이슈로부터 배제할지를 간추리고 엮는 과정으로, 일종의 편집이라고 할 수 있지.

『세상은 어떻게 뉴스가 될까』에 의하면, 게이트키핑에는 중요한 효과가 있어. 바로 '의제 설정(agenda-setting)'이라는 기능이야. 일간지 1면의 톱기사나 텔레비전 저녁 뉴스의 첫 소식은 독자나 시청자가 가장 주목하는 뉴스야. 바꿔 말해, 이는 언론사가 가장 중요하다고 여기는 것을 대중에게 알리는 창구이지. 여기에 뉴스가 실리면, 그것이 지금 세상에서 가장 중요한 문제라고 독자나 시청자들은 인식하게 돼. 언론사의 편집으로 의제(agenda)의 우선순위가 결정되고, 여론과 화제의 중심이 정해지지. 따라서 의제 설정 기능은 언론의 여론 형성 능력과 밀접한 관련이 있어.

뉴스에서 부패한 권력자의 비리를 접하고 세상을 욕하거나, 선행과 미담을 듣고 우리 사회에 남은 일말의 희망을 엿보며 훈훈해진 경험이 있을 거야. 여기에서 바로 의제 설정 기능을 수행하는 언론의 위력을 확인할 수 있어. 엄밀히 말해 우리의 분노나 연민은 사건 그 자체로부터 나온다기보다는, 언론사가 고른 뉴스로부터 나오는 셈이거든. 요컨대 우리가 주체적으로 바라보고 있다고 생각하는 세상은, 사실은 언론사가 의제 설정한 이슈에 큰 영향을 받는 것이지. 따라서 바람직한 언론인이 되려면, 게이트키퍼(gatekeeper)로서의 사명감을 갖고 자신이 제시한 의제가 윤리적·도덕적으로 타당한지에 대한 고민을 끊임없이 해야 한단다. 이 책을 읽으며 세상에서 일어나는 갖가지 일들이 어떻게 뉴스가 되어 가는지, 그리고 신문과 방송을 통해 뉴스가 독자와 시청자들에게 전달되기까지 어떤 과정을 거치게 되는지 속속들이 파악해 보렴.

닻 올린 소셜 미디어, 언론계에 변화를 몰고 오다!

지연아, 요즘 우리가 뉴스를 접하는 통로가 신문이나 방송이 전부는 아니지? 아마도 젊은 층에서 전통적인 종이 신문을 읽거나 텔레비전 앞에서 저녁 뉴스를 챙겨 보는 일은 거의 없을 거야. 뉴스 유통망은 인터넷의 발달로 빠르게 변화하고 있어. 지연이도 느끼겠지만, 뉴스 소비의 중심이 네이버나 다음과 같은 포털 사이트로 이동한 지는 한참 됐어. 특히 젊은 층의 포털 사이트 의존도는 절대적이지.

그뿐이 아니야. 최근에는 페이스북이나 트위터 같은 소셜 네트워크 서비스(SNS)가 뉴스 유통과 소비의 주요 통로로 자리 잡아 가고, 1인 미디어 시대를 열었던 블로그도 강력한 콘텐츠 생산자로 떠오르면서 쟁쟁한 매체들과 어깨를 견주고 있기도 한단다. 개인이 블로거(blogger)라는 이름 아래 뉴스를 생산하는가 하면, 블로그의 글을 위주로 운영되는 새로운 형태의 뉴스 사이트도 등장해 대중에게 인기를 끌고 있지. 동영상 공유 사이트인 유튜브도 생생한 영상과 함께 신속하게 뉴스를 전달하는 역할을 하고 있고 말이야. 바야흐로 '참여, 공유, 개방'이라는 속성을 지닌 '소셜 미디어(social media)'가 등장하면서 신문이나 방송과 같은 주류 미디어에 도전하고 있는 형국이야.

피터 스티븐의 『언론 이야기』에는 주류 미디어를 견제하고 있는 소셜 미디어에 대한 이야기가 나오는데, 저자는 소셜 미디어에서 생산되는 '온라인 뉴스'에 특히 주목하고 있어. 이것만 봐도 앞으로 언론계에 큰 변화가 찾아오지 않을까 하는 예감이 들더라고. 온라인 뉴스라고 하니까 금방 와 닿지 않지? 예를 들면, 우리나라

신문기자, 방송기자, 사진기자, 아나운서

의 '오마이뉴스'가 바로 대표적인 온라인 뉴스 사이트란다. 지금은 종이 신문도 함께 발행하지만, 창간 초기에는 인터넷으로만 기사를 올렸던 뉴스 사이트지. 오마이뉴스는 "모든 시민은 기자다."라는 모토를 가지고 2000년에 창간되었는데, 독자로부터 직접 기사를 받는 '시민 기자' 체제를 운영하고 있어. 독자 중 누구라도 시민 기자로 가입해 기사를 올릴 수 있다는 점에서, 당시로서는 새로운 시도였지. 시민 기자는 직업별, 지역별, 연령별로 다양하게 분포하고 있는데, 이들에 의해 제공되는 기사 수는 하루 평균 200여 개에 이른다고 해. 오마이뉴스는 시민 참여 저널리즘을 이끌며, 세계 언론계의 주목을 받았지.

저자는 민주적인 가치 측면에서 온라인 뉴스를 긍정적으로 평가하고 있어. 특히 기존 미디어에 대한 검열과 통제가 엄격한 사회에서, 일반인에 의해 생산된 온라인 뉴스는 민주적인 여론의 통로로서 중요한 역할을 할 것이라 기대하고 있지. 세계적으로 온라인 뉴스 사이트가 폭발적으로 늘어나는 추세야. 이런 상황이 지속되면, 아마도 머지않아 언론계에 커다란 지각변동이 찾아오지 않을까? 이는 장차 언론인이 되려는 지연이가 관심 있게 지켜봐야 할 언론 생태계의 큰 변화가 아닐까 해.

보고, 듣고, 말할 것이 있다면 '누구나' 뉴스를 쓸 수 있게 된 환경은, 어떻게 보면 기자가 되려는 지연이에게 커다란 위협이기도 해. 독자들이 전통적인 기자의 역할과 권위에 도전하는 계기가 될

수 있거든. 앞으로 신문기자, 방송기자는 새롭게 등장한 '온라인 저널리스트'들과 갈수록 격렬한 경쟁을 벌여야 할 거야. 이런 시점에서 지연이는 기자라는 직업의 전문성과 차별성을 어떻게 찾아야 할까? 이 책을 읽으며 곰곰이 고민해 보렴.

무너지는 저널리즘, 그 해법은?

앞으로 우리나라의 언론은 긍정적으로 변화할까? 아니면 그 반대일까?『저널리즘의 미래』에서는 줄곧 위기만을 말해. 저널리즘은 무너졌다고 하고, 신문의 위기, 기자의 위기를 지적하며 혹독한 비판을 이어 가고 있지. 저자들이 살펴본 한국 언론의 현실은 그 어느 때보다 엄혹해. 복제 기사가 넘쳐 날 뿐 뉴스다운 뉴스가 없고,

뉴스를 찾는 사람도 없으며, 신문을 읽는 사람이 없어서 종이 신문은 인쇄되기가 무섭게 폐지 공장으로 직행하고 있지. 그뿐이 아니야. 40대 중반만 되면 퇴출되는 기자, 취재하지 않는 기자가 넘쳐나는가 하면, 오보에도 좀처럼 책임지지 않는 언론, 권력과 유착된 언론은 저널리즘의 기본을 무너뜨리고 있어.

저자의 비판은 첫 페이지부터 시작해서 좀처럼 끝날 줄 몰라. 여기까지 읽으면 한국 사회에서 저널리즘의 미래는 없다고 봐야 해. 하지만 저자는 막막한 현실 속에서도 희망을 버리기에는 이르다고 보며, 조심스럽게 질문을 꺼낸단다. "과연 저널리즘이 나아갈 길은 무엇일까?" 이 책의 내용을 100이라고 봤을 때, 95를 날선 비판으로 일관하던 저자는 나머지 5에서 언론의 정상적인 복원을 위한 핵심적인 해법을 제시하고 있어. 저자는 아마도 이 얘기를 하기 위해 95의 쓴소리를 마다하지 않은 것 같아.

저자가 첫 번째로 꼽은 해법은 바로 뉴스 수용자의 성장이야. 독자들이 좋은 뉴스와 나쁜 뉴스를 구분하는 능력을 키워 나가야 하며, 이를 바탕으로 오보와 편향 보도를 일삼는 언론사를 냉정하게 퇴출시킬 수 있어야 한다는 것이지. 두 번째는 '여론 다양성'을 높이는 것이란다. 다양한 이해관계의 목소리가 공정하게 뉴스에 반영되는 환경을 조성해야, 저널리즘이 생명력을 얻기 때문이지. 세 번째는 언론이 정파성을 갖는다든지 권력화되는 것을 막아 무너진 신뢰를 회복하는 것이란다. 그리고 마지막으로 제시한 것은 언론인들 스스로가 윤리성을 회복하고 전문성을 확보하는 것이야. 무너진 저널리즘을 복원하는 주체는 누가 뭐래도 기자라는 거야.

여기에 덧붙여, 지연이에게 꼭 염두에 두라고 당부하고 싶은 내용이 있어. 바로 '질문하는 기자'가 되라는 거야. 권력을 감시하고, 사회 부조리를 파헤치는 기자 정신의 힘은 '질문'에서부터 시작되거든. 기자의 질문은 날카로워야 해. 누군가를 불편하게 만들 질문을 던지고 계속해서 해답을 요구해야, 비로소 사실 너머에 존재하는 진실을 파고들 수 있으니까. 끊임없는 질문, 그것이 언론인의 사명이라는 사실을 꼭 가슴속에 담아 두렴. 이는 '기레기'라는 불명예를 씻을 수 있는 출발점이기도 할 거야.

 이 책 한번 볼래?

『아나운서 어떻게 되었을까?』

이민재 / 캠퍼스멘토

지연이는 아나운서가 언론인과 방송인 가운데 어느 쪽에 더 가깝다고 생각하니? 뉴스를 진행하는 아나운서인 '앵커'를 염두에 두고, 선생님은 언론인으로 분류했어. 앵커는 오랜 시간 뉴스에 대해 깊이 생각하고, 고민하고, 이를 시청자에게 전달하는 일을 한다는 점에서 언론인의 역할을 하고 있다고 봤거든. 즉 뉴스를 진행하는 아나운서는 단순히 뉴스를 읽는 사람만은 아니란다. 사회 현안에 대한 분석력, 뉴스 가치에 대한 판단력, 사건에 대한 균형 감각 등을 필수적인 자질로 갖추고 있어야 하는 '저널리스트'에 가깝지. 그래서 저녁 간판 뉴스의 앵커는 기자 출신이 늘어나고 있고, 보도 전문 채널에서는 앵커가 뉴스를 쓰는 경우도 있는 것 아닐까?

때로는 강력한 말 한마디로 속 시원한 곳을 긁어 주고, 순발력 있는 진행으로 뉴스를 이끌어 나가는 아나운서! 아나운서가 되려고 마음먹었다면 이 책보다 더 직접적이고 현실적으로 도움이 되는 책은 없어 보여. 『아나

'언론인'을 꿈꾸는
친구들에게

운서 어떻게 되었을까?』는 아나운서의 자격 요건부터 시작해서 아나운서가 되는 과정을 차례차례 안내하고, 아나운서라는 직업의 장단점을 있는 그대로 전하고 있어. 무엇보다도 KBS(한국방송공사), MBC(문화방송), tbs(교통방송) 등에서 실제 활동하고 있는 아나운서의 경험담이 곁들여져, 생생한 정보를 얻을 수 있을 거야.

 이 책 한번 볼래?

『현장은 역사다』

정문태 / 아시아네트워크

전쟁을 취재하는 기자를 보통 종군(從軍) 기자라고 불러. 말 그대로 '군대를 따라다니는 기자'라는 뜻이지. 하지만 이 책의 저자인 정문태 기자는 이를 바로잡으며, '전선(戰線) 기자'라는 표현을 사용한단다. 언론 활동은 군에 종속되지 않았기 때문에, 종군(從軍)이란 말을 쓸 수 없다는 거야. 정문태 씨는 한국 기자로서는 보기 드물게 아시아 지역을 근거지로 20여 년간 분쟁 지역을 취재해 온 '전선 기자'란다. 그는 40여 개에 이르는 전선을 다니며, 50여 명에 이르는 분쟁 지역의 대통령, 총리, 혁명 지도자 등을 만난 특이한 이력이 있어. 이 책이 갖는 큰 의미는, 국내 언론이 잘 다루지 않았던 인도네시아의 정치적 격변, 동티모르의 독립, 말레이시아의 개혁 등 첨예한 정치 현안의 취재 기록을 엮었다는 점이야.

저자는 시위하는 군중 속에 휩쓸리기도 하고, 분쟁 지역의 차가운 주검과 마주치기도 하면서, 급변하는 아시아 현대사의 현장을 발로 뛰며 직접 취재했어. 촘촘한 기록에 역사적·문화적 분석이 더해져, 현대사의 최전선에 있는 분쟁 사건의 전모가 입체적으로 드러나지. 그의 집요한 취재, 날카로운 인터뷰, 핵심을 짚는 노련한 질문 등을 읽으면, 기자의 자질이 어떤 것인지 느낄 수 있을 거야.

 이 영화 한번 볼래?

〈페이퍼〉

론 하워드 / 1994년

〈페이퍼〉는 미국 뉴욕의 소규모 신문사를 배경으로 한 작품이란다.《뉴욕선》의 기자 '헨리'가 간밤에 발생한 살인 사건에 대한 단서를 접하면서 영화가 시작돼. 두 명의 백인 사업가가 총에 맞은 사체로 발견된 끔찍한 사건이었는데, 용의자는 사건 발생 시각 마침 근처에 있던 두 흑인 소년이었어. 다른 매체에서는 두 소년을 살인자로 일제히 몰아붙였지만, 헨리는 진범이 따로 있다는 심증을 갖고 사건을 취재하기 시작해. 경찰서를 오가다가, 두 소년이 무고할지도 모른다는 경찰들의 말을 우연히 듣게 됐거든. 입증만 할 수 있다면 대단한 특종을 터뜨릴 기회를 잡게 된 것이지. 정보 수집에 나선 헨리는 결국 피살자들이 마피아에게 거액의 손해를 입혀서, 보복 살해당했다는 사실을 밝혀낸단다.

헨리는 사건 담당 경찰관으로부터 흑인 소년이 범인이 아니라는 진술까지 확보해서 의기양양하게 신문사로 돌아왔어. 하지만 이미 윤전기는 돌아가고 있었어.《뉴욕 선》은 두 소년을 범인으로 확정짓는 기사를 1면으로 실어, 한창 인쇄 중이었지. 경영진은 신문사의 재정과 수지타산을 이유로 경찰 발표를 그대로 실으려 하고, 헨리는 인쇄를 중단시키고 진실을 전하기 위해 고군분투한단다.

오늘날 얼마나 많은 기자들이 이렇게 진실과 싸우고 있을까? 〈페이퍼〉를 보면 진실을 위해 싸우고, 이를 세상에 알리는 일이 얼마나 힘든지, 또 그것이 얼마나 정의로운 일인지 깨닫게 될 거야. 이 영화는 24시간 급박하게 돌아가는 신문사의 생생한 현장을 미리 간접 경험해 볼 수 있고, 덤으로 노련한 기자의 취재 노하우도 얻을 수 있는, '꿩 먹고 알 먹기'의 효과를 얻을 수 있는 작품이란다.

이런 책은 어때?

☞ 난이도

★ 하
★★★ 중
★★★★★ 상

● 채용 과정, 기사 작성 비법, 인터뷰 요령, 취재원과 관계 맺는 방법 등 현직 기자
로부터 기자 생활의 이모저모를 듣고 싶은 이들에게

이샘물의 『기자로 말할 것』(이담북스) ★

박대호 외 25인의 『기자가 말하는 기자』(부키) ★★

최철의 『기자 수업』(컬처그라퍼) ★★

안수찬의 『기자, 그 매력적인 이름을 갖다』(인물과사상사) ★★

● 방송 저널리즘의 실제 모습을 파악하고 싶은 이들에게

신경민의 『신경민, 클로징을 말하다』(참나무) ★★

김성준의 『뉴스를 말하다』(청림출판) ★★

최경영의 『9시의 거짓말』(시사IN북) ★★★

● 사진의 본질과 포토저널리즘의 가치를 되새기고 싶은 이들에게

곽윤섭의 『풀뿌리 포토저널리즘』(눈빛) ★★★

로버트 카파의 『그때 카파의 손은 떨리고 있었다』(필맥) ★★★★

● 비판적이고 입체적으로 신문 기사를 읽고 싶은 이들에게

손석춘의 『신문 읽기의 혁명』(개마고원) ★★★

조윤호의 『나쁜 뉴스의 나라』(한빛비즈) ★★★

● 황색 언론의 폐해와 미디어의 힘에 대해 진지하게 성찰하고 싶은 이들에게

폴 콜린스의 『타블로이드 전쟁』(양철북) ★★

하인리히 뵐의 『카타리나 블룸의 잃어버린 명예』(민음사) ★★★

맥스웰 맥콤스의 『아젠다 세팅』(엘도라도) ★★★★

스왓(SWOT) 분석

선생님이 네가 꿈꾸는 너의 미래를 일목요연하게 정리해 봤어.
선생님이 해 준 이야기를 참고해서 너에게 꼭 맞는
자신만의 꿈을 설계해 보렴.

S Strength 강점

- 사회의 공기(公器)로서, 국민의 알 권리를 충족시키는 보람과 사명감이 큰 직업.
- 알려지지 않은 사실을 밝혀내는 쾌감.
- 화제의 인물을 먼저 만나 보는 즐거움.

W Weakness 약점

- 개인의 생각보다는 소속된 언론사의 편집 방향에 따라 기사 내용이 정해지는 경우가 많음.
- 취재라는 업무 특성상 내성적인 사람에게 불리함.

O Opportunity 기회

- 매체 환경 변화로 인해 새로운 언론사의 지속적인 탄생.
- '온라인 뉴스' 등 기존과 전혀 다른 기사 양식의 태동.

T Threat 위협

- 소셜 미디어의 발달로 방송, 신문 등 전통적인 언론사의 기능이 퇴색됨.
- 온갖 매체가 난립하는 가운데, 언론에 대한 불신 풍조가 강함.

신문기자, 방송기자, 사진기자, 아나운서

 학생들이 행복해야
비로소 행복해지는,
나는 대한민국 교사다

: '교사'를 꿈꾸는 친구들에게

▶▶ 핵심 도서

『나무야, 나무야』 신영복 / 돌베개

『학교 없는 사회』 이반 일리치 / 생각의나무

『폭력과 성스러움』 르네 지라르 / 민음사

안녕하세요? 희진이에요. 저의 장래희망은 공 선생님처럼
'교사'가 되는 거예요. 그런데 한 가지 걱정이 있어요. 주변의
또래 친구들을 보면 비싼 비용을 지불하면서까지 학원은
열심히 다니면서, 정작 학교 수업은 소홀히 하고 학교에 다니는
것 자체를 별로 즐거워하는 것 같지 않거든요. 왜 그럴까요?
요즘 공교육이 무너졌다는 얘기를 많이 듣는데, 제가 장차
중고등학교 교사가 되었을 때에도 이런 현상이 여전할까요?
수십 년 후에는 어떤 모습으로 학교가 변화되어 있을지
궁금해요. 제가 선생님이 된다면, 학교라는 공간을 아이들이
즐겁게 지내며 머물고 싶은 곳으로 만들고 싶어요. 그래서
학교가 희망을 이야기하는, 행복의 터전이 되었으면 좋겠어요.
불가능한 일은 아니겠지요? 선생님, 제가 미래의 제자들을 위해
지금부터 준비하고 알아 두어야 할 것이 있다면 가르쳐 주세요.

공쌤의 편지

교사는 교육의 처음이자 마지막이다!

희진이가 걱정하고 있는 것처럼 최근 20여 년만 보아도 학교는 변해도 너무 많이 변했단다. 무엇보다 공교육의 역할이 축소되고 상대적으로 사교육 시장은 크게 성장했어. 공교육의 부진을 만회하기 위해 교육제도가 수시로 바뀌었고, 또 한편으로는 학생 인권이 신장하는 등 교육 환경이 많이 달라졌어. 눈에 띄는 것은, 이러한 시대적 변화에 따라 '교육이 이루어지는 장소'로서 학교의 기능이 눈에 띄게 약화되었다는 점이지. 그에 따라 학교에서 교사의 영향력이 예전에 비해 많이 약해진 것도 사실이고 말이야.

하지만 여전히 교육 현장에 계신 선생님들은 "교육의 질은 교사의 질을 넘지 못한다."라는 명제를 가슴속에 새기고 있단다. 이

'교사'를 꿈꾸는
친구들에게

말은, 아무리 제도가 바뀌고 환경이 변해도, 교육의 질을 결정하는 가장 중요한 존재는 여전히 '교사'일 수밖에 없다는 뜻이야. 훌륭한 스승을 만나 인생이 바뀌었다는 사람들의 이야기가 종종 들리는 걸 보면, 교사는 학생들의 삶과 인생행로에 지대한 영향을 끼치는 존재임에 틀림없어. 요즘 교사의 위상이나 영향력이 많이 약해졌다고 하지만, 그래도 학창 시절 청소년들에게 '교사'만큼 긍정적인 영향을 주는 사람도 드물지. 독일의 철학자 이마누엘 칸트Immanuel Kant는 "사람은 오직 교육을 통하여 '사람'이 된다."라는 말을 했어. 이처럼 교직은 '사람'을 만드는, 고귀하고 신성한 직업이니만큼 사명감과 자부심을 가지고, 교육 현장의 최전선에서 학생들의 든든한 길잡이 역할을 묵묵히 해 나가길 바랄게.

교사는 아이들에게 무엇을 가르쳐야 할까?

희진이도 참 열심히 공부하는 모범생이지만, 우리나라 학생들을 보면 전반적으로 공부를 많이 하는 편이야. 아니, '많이' 하는지는 모르겠지만 확실히 '오랜 시간' 공부하는 것 같아. 학교에서 공부하는 것만으로는 모자라, 방과 후에 학원으로 달려가 밤늦게까지 공부와 씨름하는 학생들이 꽤 많잖아. 왜 그런 걸까? 우리나라 학생들이 유독 새로운 지식에 목말라하기 때문인 걸까? 그런데 학교와 학원에서 학생들이 얻으려고 하는 지식이 무엇인지 가만히 생각해 봐. 그것은 시험 문제를 풀기 위한 단편적인 지식에 지나지 않은 경우가 많아.

방정식이나 미적분처럼 어려운 수학 개념을 진땀 흘려 가며 배우고도 실생활에서 그것을 어떻게 활용하는지 알지 못하고, 문학 시간에 배운 문학 이론은 줄줄 꿰고 있으면서 문학 작품 한 편 제대로 감상할 줄 모르는 경우가 태반이야. 윤리 시간에 배운 것은 또 어떻고? 형광펜으로 밑줄을 그어 가며 외운 성현들의 말씀은 정작 자신의 삶에 눈곱만치도 영향을 끼치지 않는 경우가 대부분 아니니? 이것이 바로 실제 삶과는 동떨어진 지식만을 열심히 머릿속에 쌓은 결과야. 삶과 괴리된 죽은 지식이 학교와 학원을 통해 주입되고 있는 것이 바로 우리의 교육 현실이야. 시험을 보기 위한 수단으로 전락한 지식, 이것은 누가 뭐라 해도 '죽은 지식'이 아닐까? 생각거리가 참 많은 신영복의 『나무야, 나무야』에는 이런 교육 현실을 빗댄 것 같은 이야기가 나온단다.

저자인 신영복 성공회대학교 교수는 1968년 통일혁명당 사건으로 구속돼 기나긴 수감 생활을 했는데, 책에서 그때의 경험을 풀어놓고 있어. 감옥 생활 초반, 신영복 선생은 한 노인 목수와 이야기를 나누게 됐대. 목수는 신 선생에게 무얼 설명하면서 땅바닥에 나무 막대기로 집을 그렸어. 그런데 신 선생은 노인이 그린 그림을 보며 큰 충격을 받았다고 해. 바로 집을 그리는 순서 때문이었지. 목수는 주춧돌부터 시작해, 기둥, 들보, 서까래를 그리고, 제일 마지막에 지붕을 얹었어. 대개 집을 그려 보라고 하면 일반인들은 지붕부터 그리게 마련인데 노인 목수는 실제로 집을 지을 때의 순서처럼 주춧돌을 제일 먼저 아래에 그리고 나서, 그 위로 나머지를 그려 올라간 것이지.

'지붕'부터 그린 집과 '주춧돌'부터 그린 집의 차이는 어디에서 비롯된 걸까? 집을 실제로 지어 본 적이 있는 사람과 그렇지 않은 사람의 차이, 즉 경험의 유무에서 생겨난 차이일 거야. 저자는 무심히 지붕부터 그린 자신에 대해 부끄러움을 느껴. 주춧돌 위에 기둥을 세우고 맨 나중에 지붕을 얹을 수 있다는 사실을 알고 있으면서도, 그 순서대로 그림을 그리지 못했던 자신을 돌아보지. 그러면서 저자는 삶과 동떨어져 있는 지식이 얼마나 부질없는 것인지를 느낀단다. 그는 『한비자』에 나오는 '차치리'라는 사람의 일화를 언급하며 관념적 사고에 빠졌던 자신을 돌아보기도 해.

127

차치리라는 사람이 어느 날 장에 신발을 사러 가기 위하여 발의 크기를 본으로 떴습니다. 이를테면 종이 위에 발을 올려놓고 발의 윤곽을 그렸습니다. 한자로 그것을 탁(度)이라 합니다. 그러나 막상 그가 장에 갈 때는 깜빡 잊고 탁을 집에다 두고 온 것을 깨닫고는 탁을 가지러 집으로 되돌아갔습니다. 제법 먼 길을 되돌아가서 탁을 가지고 다시 장에 도착하였을 때는 이미 장이 파하고 난 뒤였습니다. 그 사연을 듣고는 사람들이 말했습니다.

"탁을 가지러 집에까지 갈 필요가 어디 있소. 당신의 발로 신어 보면 될 것 아니오."

차치리가 대답했습니다.

"아무려면 발이 탁만큼 정확하겠습니까?"

주춧돌부터 집을 그리던 그 노인이 발로 신어 보고 신발을 사는 사람이라면 나는 탁을 가지러 집으로 가는 사람이었습니다.

— 신영복, 『나무야 나무야』에서

저자는 신발을 시장에서 직접 신어 보고 사면 될 것을, 발 모양을 본뜬 탁을 가지러 먼 길을 되돌아갔던 어리석은 사람이 바로 자기 자신이라고 이야기하고 있어. 이것이 어찌 비단 저자만의 문제겠어. 어쩌면 대한민국 교사가 되돌아봐야 할 각자의 모습일 수도 있다는 생각이 들어. 학생들로 하여금 '발'보다 정확한 것이 '탁'이라고 믿게 만들지는 않았는지, 또 '현실'과는 거리가 먼, 시험을 위한 '지식'만을 가르치고 있었던 것은 아닌지 말이야. 그렇다면 우리 사회는 언제부터, 왜 '탁'을 가르치게 되었을까? 이런 상황에서 '발'이 더 정확함을 깨닫게 하려면 교사는 무엇을 어떻게 가르쳐야 할까? 이제는 학교에서 이뤄지는 교육의 한계에 대해 좀 더 전문적인 대안을 내놓아야 할 때가 아닌가 싶어.

사실 교육 당국도 우리나라 공교육의 문제점을 직시하고 있어. 그래서 공교육을 정상화하기 위해, 새로운 교육과정을 짜고 입시 제도를 개편하는 등 여러 방향으로 정책적 노력을 계속해 오고 있지. 그런데 학교를 정상화하려는 노력이 무색하게, 학교를 철폐하자는 혁명적 주장으로 공교육의 문제점을 신랄하게 비판했던 사람이 있어. 우리나라의 교육계를 반성하는 의미에서 그의 주장을 한번 살펴볼까 해.

학교 밖에서 배우자, 학교를 없애자

희진아, 혹시 학교가 없는 세상을 상상할 수 있겠니? 우리 사회에서 대부분의 사람들은 학교를 다니며 아동기와 청소년기를 보내잖아. 요즘 학생들의 경우, 하루에 7~8시간을 머물 정도로 '학교'는 일상의 대부분을 보내는 공간이기도 하고 말이야. 그렇기 때문에 학교 없는 사회를 상상하기란 말처럼 쉽지 않아.

그런데 오스트리아 출신의 신학자 이반 일리치Ivan Illich는 『학교 없는 사회』에서 그 누구도 상상해 보지 못했던, 아니 감히 상상할 수조차 없었던 '학교 없는 사회'를 이야기한단다. 저자는 사회가 '학교'와 같은 제도에만 지나치게 의존하는 현상을 '학교화'되었다고 정의하고, 학교화된 사회를 비판하지. 그는 학교뿐만 아니라 병원, 복지 시스템, 경찰 제도 등 학교와 같은 방식으로 움직이는 모든 사회제도를 겨냥해서, '학교화된 사회'의 모순을 꼬집고 있어. 일리치는 사회 전체가 학교처럼 움직일 때 생겨나는 문제를 다음과 같이 지적한단다.

> 사회의 '학교화'는 여러 가지 폐해를 낳고 있다. 첫째, 그것은 필연적으로 사회의 계급 구조를 더욱 확실한 것으로 만든다. 인간의 고유한 '공부', '배움'을 학교라는 형태의 조직에 의하여 제도화하는 것은, 사회에서 살아가는 모든 사람들에게 졸업장-학위-능력이라는 낙인을 찍는 것 이상이 아니다. 곧 학교는 계층화라는 방식으로 모든 사람들에게 낙인을 찍고 있다. 둘째, 학교화는 '배움'이라는 것을 소비 과정의 결과라고 사람들에게 믿게 한다. 셋째, 학교화는 교사가 없는 배움은 가치가 없는 것이라고 믿게 한다. 넷째, 학교화는 지적인 민감성을 비롯한 인간의 고유한 '배움'의 능력을 상실케 한다.
>
> — 이반 일리치, 『학교 없는 사회』의 '옮긴이 해설'에서

학교는 성적 좋은 사람과 그렇지 않은 사람을 나누고, 졸업장

'교사'를 꿈꾸는
친구들에게

과 학위가 있는 사람과 그렇지 못한 사람을 나누는 등 계층과 계급을 만들잖아. 이런 구조에 의해 사회가 돌아간다는 것이 비극이라는 거야. 또 학교에 다녀야만, 즉 학교 수업을 소비해야만 '배움'을 얻을 수 있다고 착각하게 만드는 것도 문제라고 해. 일리치는 이렇게 학교에서 교사에게 배우는 것만을 올바른 것으로 치부하다 보면, 인간이 가진 자율적인 삶의 지혜가 위축될 수 있

이반 일리치

다고 강력히 경고하지. 우리는 사실 학교 밖에서 많은 것을 배울 수 있는데, '학교'라는 제도가 생겼기 때문에 학교에 의존하게 되었다는 거야. 가만히 생각해 보면 보편적인 서민 교육기관으로서의 '학교'는 인류사를 통틀어 봤을 때 비교적 최근에 생긴 새로운 제도이고, 학교가 있기 전에도 인류는 잘 배워 왔으니까 일리치의 주장에도 일부는 일리가 있어 보여.

일리치가 내세운 주장의 핵심은, 사람들이 '타율적 존재'로 전락하지 않으려면 학교를 없애고, 학교화된 사회를 바로잡아야 한다는 거야. 그는 '학교'라는 제도로부터 삶이 철저히 소외되는 상황에서 벗어나 행복한 사회로 나아가기 위해서는 '자율적 공생'만이 희

131

망이라고 해. '자율적 공생'이란 타율적인 제도를 거부하고, 개인들이 능동적으로 배움을 교환하는 상태를 말해. 일리치에 따르면, '자율적 공생'의 사회에서는 학교 대신 '공부망'이 형성된단다. 공부망은 쉽게 말하면, 배움의 네트워크야. 학교를 대체한 도서관, 박물관, 극장, 공장, 공항, 농장 등이 모두 교육의 도구로 활용되고, 각각의 재능과 기능을 가진 사람들이 다른 이에게 교육을 제공함으로써 능동적 배움이 이루어지는 장이지. 이런 공부망을 통해 학교라는 제도에 의존하는 대신, 서로 가르치고 배우는 '학교 없는 사회'를 이룩할 수 있다는 것이 일리치의 혁명적인 발상이란다.

학교를 없애자는 그의 주장은 과격하게 느껴질 수도 있을 거야. 하지만 『학교 없는 사회』는 현재 학교라는 제도가 가지고 있는 허점을 제대로 파고들었다는 점에서, '좋은 학교'의 모습을 상상하는 데 많은 단서를 제공하는 역작이란다.

학교 폭력은 '희생 메커니즘'의 일종

학교 현장을 지키고 있는 교사로서, 지금은 학교를 없앨 때가 아니라 사실은 학교 안에 도사리고 있는 학교 폭력을 없애는 것이 훨씬 더 급선무라는 생각을 해. 현재 교육 현장에서는 '학교 폭력과의 전쟁'을 선포했다고 해도 좋을 만큼, 학교 폭력의 예방과 근절에 사활을 걸고 있단다. 장차 희진이가 교단에 서게 되었을 때, 학생들에게 양질의 지식을 전달하는 것만큼이나 중요한 것이 바로 학교

폭력 문제가 될 수도 있기에 선생님이 한마디 덧붙일까 해.

　프랑스 출신의 문화인류학자 르네 지라르^{René Girard}가 저술한
『폭력과 성스러움』을 보면 요즘 학교에서 일어나는 집단 따돌림이
나 학교 폭력이 인류 초기부터 행해졌던 '희생 제의'에서 비롯되었
다는 것을 알 수 있어. 지라르에 의하면, 인류는 오래전부터 사회의
반목과 불화가 위험 수위에 도달했을 때, 특정한 대상을 지목해 모
든 죄를 뒤집어씌우고 내부의 평화를 도모하고자 하는 집단적 폭
력 행위를 일삼아 왔다고 해. 소수의 희생양을 만들어 그들에게 사
회적 분노와 폭력을 집중시킴으로써, 사람들은 그간 쌓인 폭력성과
스트레스를 해소한 것이지. 이때의 희생양으로는 보복의 가능성이
거의 없는 약자를 선택했고 말이야. 이를 우리 교육 현실에 그대로
대입해 볼까?

우리 사회에서 학생에 대한 평가는 오직 그 학생의 성적에 좌우되는 경우가 많아. 이 때문에 학생들은 성적을 두고 치열한 경쟁을 펼치지. 희진이도 알다시피, 경쟁에서 우위를 점하려면 끊임없이 상대방을 이겨야 하잖아. 그래서 학생들은 학교에서 자신에게 필요한 지식을 얻기 위해서 공부하는 것이 아니라, 오직 경쟁자들을 이기기 위해 공부하는 지경에 이르게 돼. 첨예한 경쟁이 오랫동안 지속되면 학생들이 극도의 스트레스 상태로 내몰리겠지? 경쟁에 지친 학생이 하나둘 늘어나다가 급기야 스트레스가 집단적 양상으로 발전하는 단계에 이르면, 이를 해결하기 위해 이른바 '왕따'를 다 같이 찾게 되는 거란다. 왕따를 희생양으로 삼아서, 극도의 스트레스 상태에서 벗어나려고 하는 것이지. 이때의 희생양은 집단의 표준적인 특성에서 다소 벗어나 있고, 힘없고 연약한 학생인 경우가 많아. 이것이 바로 학교 폭력이 일어나는 일반적인 기제라고 볼 수 있어.

우리는 흔히 학교 폭력에 맞닥뜨리면 가해 학생에게 책임을 돌리는 경우가 많지만, 사실은 개인의 문제를 넘어서 끊임없는 경쟁을 강조하는 우리 사회의 구조적 문제가 깊게 깔려 있어. 현실에서 개인이 바꿀 수 있는 것이 별로 없는 상황에서 학업 스트레스를 풀 수 있는 가장 쉬운 방법은, 만만한 희생양을 골라 그에게 화풀이를 하는 것이지. 따라서 가해자를 벌하고, 피해자를 보호하는 현재의 학교 폭력 대책은 결국 미봉책이 될 수밖에 없고, 근원적 치료

법이 아닌 대증요법에 불과해. 이 사실을 교육 당국도 알아야 하고, 기성세대 모두가 깨달았으면 좋겠어. 장차 교사가 될 희진이도 폭력 없는 평화로운 학교를 위해, 우리 사회의 교육 환경을 어떻게 바꿔야 할지 깊이 고민해 보렴.

유치원 교사, 초·중등 교사

 이 책 한번 볼래?

『딥스』

버지니아 M. 액슬린 / 샘터사

『딥스』는 유아교육을 꿈꾸고 전공하는 학생들에게 필독서로 여겨질 만큼, 유아교육계의 고전으로 자리 잡은 명저란다. 다섯 살짜리 남자아이 '딥스'는 유치원 또래들과 전혀 어울리지 못하고, 장난감에도 별로 흥미를 보이지 않아. 딥스는 이해하기 힘든 이상행동을 하기도 해. 창문이나 방문이 잠겨 있는 것을 싫어한다든지, 아이가 했다고 믿을 수 없을 만큼 끔찍한 말들을 내뱉는 등 자신의 또래와 너무도 다른 모습을 보였지. 게다가 딥스의 부모는 그의 이상한 행동을 이해하지 못하고, 오히려 외면하려 했지. 그런 딥스에게 다가온 사람이 바로 심리 치료 전문가인 액슬린 선생님이야. 액슬린 선생님을 만나고 딥스는 조금씩 변해 가기 시작한단다. 마음의 문을 굳게 닫고 지내던 딥스가 세상을 향해 조금씩 나아가는 모습은 큰 감동으로 다가와. 저능아 취급을 받던 딥스는 마침내 보통의 아이들보다 더 똑똑할 뿐만 아니라, 재주도 많은 아이라는 것이 밝혀지지.

'교사'를 꿈꾸는
친구들에게

저자의 실제 지도 경험을 담은『딥스』는 자기만의 세계에 갇힌 아이가 세상 밖으로 나올 수 있도록 돕는 '조력자'로서 교사의 모습을 잘 보여 주고 있어. 또 저마다 다른 개성과 성향을 지닌 학생을 대해야 하는 교사의 사명과 역할에 대해 폭넓은 생각거리를 제공하기에, 교사를 꿈꾸는 희진이가 특히 배울 게 많은 책이란다. 액슬린 선생님이 어떻게 딥스를 변화시켰는지 궁금하지 않니? 희진이가 이 책을 통해 직접 확인해 보고, 더 많은 깨달음을 얻어 가길 바랄게.

 이 책 한번 볼래?

『가르친다는 것은』
빌 스무트 / 이매진

구체적으로 어떤 '선생님'이 좋은 선생님일지 궁금하다면 이 책을 읽어 보렴. 30년차 교사인 빌 스무트의『가르친다는 것은』에는 교사, 대학교수뿐만 아니라 스포츠 감독, 소방 훈련관 등 각자의 분야에서 제자들을 가르치고 있는 51명의 직업인이 등장해. 저자는 사회 곳곳에서 '가르치는 사람'으로 살아가는 이들을 인터뷰하면서, '가르친다는 것'의 생생한 의미를 찾아가지.

이 책에 등장하는 다양한 직업을 세계를 보면, '선생님'이 꼭 학교에만 있는 것은 아니라는 사실을 알 수 있어. 의사의 스승은 병원에, 운동선수의 스승은 운동장에, 제빵사의 스승은 빵집에 있거든. 이들이 꼭 '지식'을 가르치는 것도 아니란다. 어떤 선생님은 '인간'이나 '인생'에 대한 철학적 사고를 이끌고, 어떤 선생님은 자신이 활약하는 분야에서의 통찰력을 전해 주기도 하지. 저자가 훌륭한 선생님들에게서 찾은 공통점은, 이들이 가르치는 것을 단순한 직업이라기보다는 사명으로 여긴다는 점이야. 도움이 필요한 제자가 있다면 어디든 찾아가서 무엇이라도 채워 주고 싶은 마음은 기본이고 말이야. 이 책에서 소개한 51명의 이야기를 곱씹으며, 참된 교육법과 교육자의 길에 대해 고민해 보렴.

 이 영화 한번 볼래?

〈책상 서랍 속의 동화〉

장이머우 감독 / 1999년

교사의 꿈을 꾸고 있는 학생들에게 가장 먼저 추천하고 싶은 영화는 바로 〈책상 서랍 속의 동화〉란다. 이 작품은 가난 때문에 학교를 포기하고 농촌을 떠나는 아이들의 모습을 통해, 교육의 진정한 모습이 무엇인지를 성찰

'교사'를 꿈꾸는
친구들에게

하고 있어. 영화는 중국 시골 마을의 낡은 초등학교에서 시작한단다. 이곳 초등학교에 달랑 한 명뿐인 가오 선생님이 편찮은 어머니를 돌보기 위해 한 달간 학교를 비우게 되지. 마을 촌장은 한 달의 공백을 채울 다른 선생님을 수소문하다가, 시간이 촉박해지자 초등학교를 갓 졸업한 열세 살짜리 여자아이 '웨이민치'를 급한 대로 임시 선생님으로 데리고 와.

가오 선생님은 돌아올 날짜를 계산하여 아끼는 분필 26개를 웨이민치에게 건네고, "한 사람의 학생이라도 줄어들면 안 된다."라는 당부를 하며 마을을 떠난단다. 이 학교의 학생 수는 원래 40명이었는데, 학생들이 하나둘 떠나면서 28명으로 줄어들어 폐교의 위기에 처했거든. 하지만 가오 선생님의 당부에도 불구하고 육상을 잘하는 아이가 도시의 육상 학교로 스카우트되어 떠나자, 웨이민치의 고민이 깊어진단다. 엎친 데 덮친 격으로 열 살짜리 남자아이가 가정 형편 때문에 돈을 벌기 위해 도시로 떠났다는 소식을 접하고, 웨이민치는 무작정 그 아이를 찾아 나서기 시작하게 되지.

도저히 '선생님' 역할을 할 수 없을 것 같았던 어린 소녀가, 역설적으로 그 어떤 선생님보다 더 진지하고 열성적으로 아이들을 대하면서 어느새 교육의 가치를 실현하고 있는 모습이 인상적이야. 순수한 시골 아이들의 모습이 진한 여운을 남기며, 교사로서의 꿈을 한 번 더 다질 수 있게 해 준단다.

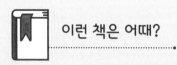

이런 책은 어때?

☞ 난이도
★ 하
★★★ 중
★★★★★ 상

● 경쟁과 효율로 점철된 교육 현장의 다양한 문제들을 살펴보고, 공교육의 위기에 대해 고민하고 싶은 이들에게

엄기호의 『교사도 학교가 두렵다』(따비) ★★★

윤지형 외 8인의 『이것은 교육이 아니다』(교육공동체벗) ★★★

● 학교 폭력의 실체를 냉정하게 파악하고, 가해자와 피해자를 넘어선 관점에서 대안을 모색해 보고 싶은 이들에게

김려령의 『우아한 거짓말』(창비) ★

김경욱의 『이 선생의 학교 폭력 평정기』(양철북) ★★

따돌림사회연구모임의 『교실 평화 프로젝트』(양철북) ★★★

● 전 세계가 동경하는 교육 강국의 사례를 통해 교육에 대한 획기적인 사고방식을 접하고 싶은 이들에게

박성숙의 『독일 교육 이야기』(21세기북스) ★

파시 살베리의 『핀란드의 끝없는 도전』(푸른숲) ★★★

● 인간으로서의 삶과 가치를 깨닫게 하는 교육의 힘을 되새기고 싶은 이들에게

체피 보르사치니 『엘 시스테마, 꿈을 연주하다』(푸른숲) ★★

얼 쇼리스의 『희망의 인문학』(이매진) ★★★★

● 바람직한 교사의 자세가 무엇인지 고민하고 싶은 이들에게

톰 슐만의 『죽은 시인의 사회』(시간과공간사) ★

앤 설리번의 『헬렌 켈러는 어떤 교육을 받았는가』(라의눈) ★★

파울루 프레이리의 『프레이리의 교사론』(아침이슬) ★★★★

스왓(SWOT) 분석

선생님이 네가 꿈꾸는 너의 미래를 일목요연하게 정리해 봤어.
선생님이 해 준 이야기를 참고해서 너에게 꼭 맞는
자신만의 꿈을 설계해 보렴.

- 성장하는 아이들에게 긍정적인
  영향을 끼치는 사람이라는
  사명감과 자부심이 있음.
- 전문성을 바탕으로 정년까지
  비교적 안정적인 지위를
  유지함.

- 교원 자격증 소지자가 많아서,
  교원 선발 고사의 치열한
  경쟁을 거쳐야 정규 교사가 될
  수 있음.

- 공교육 정상화를 위한
  정책적 노력이 계속되고 있음.
- 특목고, 혁신학교, 자율고 등
  새로운 교육 모델이 창출되고
  있음.

- 사교육의 발달로 인해 공교육
  교사의 위상이 약해짐.
- 저출산으로 인한 학령인구의
  감소로 교사의 수요 증대를
  기대하기 힘듦.

유치원 교사, 초·중등 교사

3

시민과 함께 살고,
시민을 위해 살다

: 권력을 현명하게 사용하려면?

관련 직업
국회의원, 지방자치단체장, 대통령

모든 권력은
국민으로부터 나온다

: '정치인'을 꿈꾸는 친구들에게

▶▶ 핵심 도서

『군주론』 니콜로 마키아벨리 / 까치

『시민의 불복종』 헨리 데이비드 소로 / 은행나무

『직업으로서의 정치』 막스 베버 / 나남출판

선생님, 안녕하세요? 올해 전교 학생회장으로 뽑힌
재준이입니다. 치열한 선거를 거쳐 학생회장 자리에 오르니,
선거에 이겼다는 기쁨은 잠깐이고 막중한 책임감이
느껴집니다. 학생들이 던진 소중한 한 표가 헛되이 쓰이지
않도록 앞으로 열심히 일할 생각입니다.

저는 어릴 때부터 다른 사람들 앞에 나서는 데 주저하지 않는
담대한 용기를 가졌어요. 그래서 또래들 사이에서 늘 리더로
활약하며 즐거움과 보람을 느꼈답니다. 이런 적성을 살려서
나중에 어른이 되면 대통령, 혹은 국회의원, 시장과 같은
자리에 서고 싶어요. 국민을 대변하는 위치에서 많은 사람들의
행복과 우리나라의 발전을 위해 발 벗고 나서는 삶은 정말
보람될 것 같아요.

선생님, 제가 장차 커서 멋진 리더가 될 수 있을까요? 훌륭한
리더로 성장하기 위해서는 어떤 마음가짐으로 미래를 준비해야
할까요?

공쌤의 편지

권력의 올바른 쓰임을 고민하다

재준이의 장래 희망을 들어 보니, 네가 왜 그렇게 항상 앞장서 리더의 역할을 자처했는지 납득이 가는구나. 재준이가 꿈꾸는 직업은 '정치인'에 속해. 평소에 책임감이 무척 강하고 리더십도 뛰어난 네게는 정말 잘 어울리는 직업으로 보이는구나. 그런데 재준이는 혹시 '권력'을 좋아하니? 왜 갑자기 이런 질문을 하냐고? 선생님이 지금부터 하는 이야기를 잘 들어 보렴.

어느 사회에서든지 지배하는 자가 있고 지배받는 자가 있게 마련이야. 모두가 공평하게 살 수 있으면 참 좋겠지만 현실적으로는 두 사람 이상이 만나면 예외 없이 권력 관계가 발생해. 여기서 '권력'이란 '다른 사람을 내 마음대로 움직일 수 있는 힘'을 의미한

'정치인'을 꿈꾸는
친구들에게

단다. 요즘 문제시되고 있는 힘 있는 '갑'과 힘없는 '을'의 관계도 이러한 권력 관계의 단면을 보여 주지.

재준이가 관심 있어 하는 '정치'는 '권력'과 아주 밀접한 관련을 맺고 있어. 정치인의 모든 행위는 바로 '권력 쟁취'라는 목적을 지니고 있거든. 재준이가 왜 대통령, 혹은 국회의원이 되려 하는지 곰곰이 생각해 보렴. 대통령, 혹은 국회의원이 된다면 그에 걸맞은 '권력'이 주어지고, 본인이 하고 싶은 일도 더 많이 할 수 있겠지? 정치인은 국가의 권력을 행사할 수 있는 막강한 자리이기 때문에 일반인보다 자신의 역량을 발휘할 기회가 크고 말이야. 이런 점에 관심이 있다면, 모르긴 몰라도 재준이는 권력에 대한 욕망이 남보다 더 강한 사람일 거야.

재준이가 장차 '권력'을 바탕으로 '큰일'을 하는 정치인을 꿈꾸고 있기에, 무엇보다도 이 권력을 누구를 위해, 어떻게 사용해야 하는지에 대해서만큼은 한 번쯤 생각해 봤으면 좋겠어. 영화 〈반지의 제왕〉 시리즈에서 세상을 지배할 절대 권력을 상징하는 '절대 반지'를 차지하기 위해 수많은 등장인물이 이성을 잃고 달려들던 모습을 기억하지? 그렇게 권력이란 어떤 누군가에게는 마약보다 더 강한 중독성과 탐욕을 불러일으키는 위험한 힘이기도 하단다. 하지만 민주주의에서 정치권력은 국민에게서 위임받아 생긴 것이기 때문에, 정치인은 권력을 개인의 소유물로 여겨서는 안 돼. 정치인의 권력에는 책임이 뒤따른다는 이야기야.

147

이상과 현실 사이에서

권력을 쥔 자가 그 권력을 효과적으로 유지하기 위해 어떻게 처신해야 하는지를 알려 주는 책이 16세기 초에 출간되었어. 바로 이탈리아의 정치철학자 니콜로 마키아벨리^{Niccolò Machiavelli}가 쓴『군주론』이야. 마키아벨리는『군주론』에서 군주가 권력을 유지하고 강화하기 위해서는 때로는 배신도 해야 하고, 상황에 따라 적절한 임기응변도 필요하다면서 이를 위해 수단과 방법을 가리지 말라고 했어. 군주의 가장 큰 임무는 나라를 번영시키는 것이기 때문에, 이런 목적만 달성한다면 무슨 짓을 하든 위대한 군주로 칭송받는다는 거야. 그가 말하는 이상적인 군주의 모습은 무척 냉정해. 심지어 인간

'정치인'을 꿈꾸는
친구들에게

성마저도 포기해야 할 때가 있다고 하지. "필요할 때는 주저 없이 사악해지라."라고까지 했으니 할 말 다했지 뭐. 『군주론』에는 이런 부분도 있어.

> 군주가 염두에 두어야 할 것은 무릇 백성이란 다정하게 다독이거나 아니면 철저히 제압해야 하는 대상이라는 점이다. 사람은 작은 피해에 대해서는 보복을 꾀하지만 엄청난 피해에 대해서는 감히 보복할 엄두를 내지 못하는 법이다. 부득불 백성에게 피해를 끼칠 경우 그들의 보복을 두려워할 필요가 없을 정도로 철저히 제압할 필요가 있다.
>
> ― 니콜로 마키아벨리, 『군주론』에서

군주는 백성을 제압해야 하는 대상으로 여기고, 감히 보복할 엄두도 내지 못하도록 철저히 힘으로 억누르라는 것인데, 권력 유지를 위해 물불 가리지 않는 냉혹한 권력자의 단면을 보는 듯해. 하지만 이런 통치술이 과연 바람직할까?

노자는 『도덕경』에서 통치자를 네 가지 등급으로 나누었어. 그가 꼽은 최상의 통치자는 백성들이 그가 있는지조차 모를 만큼 부담을 주지 않는 통치자야. 그다음은 백성이 가깝게 여기고 칭찬하는 통치자이며, 그다음은 백성이 두려워하는 통치자, 그리고 마지막 최하 등급은 백성들이 업신여기는 통치자라고 했지. 이런 차

국회의원, 지방자치단체장, 대통령

이를 결정짓는 중요한 요소 중 하나는 통치자와 백성 사이의 신뢰야. 통치자가 백성을 불신한다면 백성도 통치자를 불신하고, 결국은 백성이 통치자를 두려워하는 단계를 거쳐 통치자를 비웃는 지경에까지 이르게 된다는 거야. 마키아벨리보다 족히 2,000년은 먼저 태어난 노자의 『도덕경』을 기준으로 평가한다면, 『군주론』에서 마키아벨리가 상정한 군주의 모습은 겨우 세 번째 등급이나 혹은 최하 등급에 해당하는 저급한 행태에 지나지 않아 보여.

『군주론』이 도덕군자와는 거리가 먼 권력자의 모습을 그리고 있음에도 불구하고, 이 책이 수없이 많은 이들에게 읽히고, 해석되고, '고전'으로 추앙받는 데는 그럴 만한 이유가 있어. 관대함, 인자함과 같은 도덕적 가치를 최우선으로 삼는 전형적인 통치 철학만이 존재했던 그 시대에, 너무나도 현실적인 이야기를 하고 있거든. 마키아벨리는 '고상한 이상'과 '냉정한 현실'을 명확히 구별할 줄 알았다는 점에서 앞선 생각을 가진 사람이었어. 그래서 『군주론』은 현실주의 정치철학의 기원으로 평가받고 있단다. 가만히 생각해 보면, 현대의 정치인들이 또 책 내용처럼 행동하고 있기도 해. 이 책을 읽다 보면 철저하게 현실적인 정치인들의 행동거지 하나하나가 책 내용과 선명하게 연결이 되더구나.

재준이는 '도덕적 규범'과 '냉정한 현실 인식' 가운데 정치인에게 더 필요한 것은 뭐라고 생각하니? 마키아벨리의 말처럼 정치 현실을 무시하고 이상을 내세우는 것은 어리석은 일일까, 아니면 정치인에게는 숭고한 도덕적 가치가 반드시 필요할까? 이 책을 읽으며 깊이 생각해 보렴.

시민의 눈, 정치인을 겨누다

『도덕경』의 통치자론은 현대의 정치인에게도 그대로 적용될수 있어. '통치자'라는 단어를 '정치인'으로 바꿔서 다시 읽어 보아도 말이 통하거든. 그렇다면 최고의 대통령, 최고의 국회의원, 최고의 시장이라고 불릴 만한 정치인은 어떤 사람이겠어? 바로 국민들이 정치인의 존재를 의식하지 못할 정도로 있는 듯 없는 듯 정치를하는 사람이겠지. 이는 정치로 인해 국민의 생활이 만족스러워, 정치인의 이름조차도 알 필요가 없는 상태를 뜻해. 하지만 만약에 말이야, 노자의 『도덕경』에 이미 언급되어 있는 것처럼 시민들이 정치인을 두려워하거나 업신여기는 지경에까지 이른다면 어떻게 될까? 이때는 어쩌면 '시민 불복종' 사태가 올지도 모르겠어.

'시민 불복종'이란 정의롭지 못한 법이나 정책을 변혁시키기위해 의도적으로 법률을 위반하는 행위를 말해. 시민 불복종의 바탕에는 '저항권'이라는 헌법적 가치가 깔려 있어. 저항권은 민주주의의 핵심 가치인데, 국가권력이 부당하게 국민의 기본권을 침해할때 이에 대한 복종을 거부하고 실력 행사를 통해 저항할 권리를 뜻하지. 아무리 민주주의 사회라 하더라도 부당한 법이 만들어질 가능성은 항상 존재하잖아. 이런 상황에서 시민들이 '법을 어기는' 적극적인 방식으로 저항함으로써, 자신의 의사를 표현하는 것이 바로 시민 불복종이야.

'시민 불복종'이라는 개념은 미국의 사상가 헨리 데이비드 소로Henry David Thoreau가 『시민의 불복종』이라는 책에서 주창했어. 애초에는 그가 한 잡지에 '시민 정부에 대한 저항'이란 제목으로 발표한 글인데, 지금은 '시민의 불복종'이라는 제목이 더 널리 알려져 있지. 이 책은 19세기 말 미국 정부가 멕시코 전쟁을 벌인 시기를 배경으로 쓰였어. 당시 멕시코 전쟁은 제국주의자들과 노예제도 찬성론자들이 지지한 전쟁이었는데, 이 전쟁의 결과 멕시코는 국토의 5분의 2를 미국에 바쳐야 했지. 평화주의자였던 소로는 제국주의와 노예제도를 불의로 규정하고 이에 저항하기로 결심했어. 그의 이런 의식은 6년 동안이나 세금을 내지 않는 행동으로 표출됐단다. 그리고 어느 날 세금 징수원이 세금을 걷으러 그의 집에 방문하자, 소로는 "나의 세금으로 전쟁을 일으키고 흑인들을 탄압하는 것에 동의할 수 없다."라며 납세를 거부하지. 이 때문에 소로는 감옥에 갇히는 신세가 됐어. 곧 친척의 도움으로 풀려나긴 했지만, 이후부터 그는 '정의롭지 못한 법을 의도적으로 지키지 않는 것이 부당한 행위인가'에 대해 고민하다 '시민 불복종'이라는 개념을 제안했단다.

소로가 주창한 '시민 불복종'은 사회운동의 사상적 토대로 작용했어. 간디의 비폭력 불복종 운동, 베트남전쟁 반대 운동, 마틴 루서 킹의 민권 운동, 그리고 최근의 홍콩 민주화 운동이 모두 이에

'정치인'을 꿈꾸는
친구들에게

해당하지. 이는 모두 역사의 수레바 퀴를 움직인 시민 저항 운동으로 평 가받는단다.

헨리 데이비드 소로

그런데 시민 불복종이 모두 정당화될 수 있는 것은 아니야. 몇 가지 요건이 전제되지. 가령 자기 이익을 배제하고 정의의 원리를 따 른다는 '행위 목적의 정당성', 평화 적인 방법을 사용해야 한다는 '비폭 력성' 등의 요건을 우선적으로 충족 해야 해. 그 밖에도 '처벌을 감수할

것', '최후의 수단이어야 할 것', '양심적 행위여야 할 것' 등이 운동 의 정당성을 획득하기 위한 중요한 요건으로 꼽힌단다.

듣고 보니 정치인의 무거운 책임감이 뼈저리게 느껴지지? 정 치인은 시민들의 견제와 감시, 비판으로부터 자유로울 수 없는 자 리란다. 재준이가 이것 하나는 기억해야 할 거야. 정치인이 가지고 있는 권력이 바로 자기 것이 아니라는 점 말이야. 문학 시간에 배운 이곡의 「차마설」을 보면 이런 대목이 나온단다.

임금은 백성으로부터 힘을 빌려서 높고 부귀한 자리를 가졌고, 신하는 임금으로부터 권세를 빌려 은총과 귀함을 누리며, … 그

빌린 바가 또한 깊고 많아서 대개는 자기 소유로 하고 끝내 반성할 줄 모르고 있으니, 어찌 미혹한 일이 아니겠는가?

그러다가도 혹 잠깐 사이에 그 빌린 것이 도로 돌아가게 되면, 만방의 임금도 외톨이가 되고, 백승(百乘. 백 대의 수레)을 가졌던 집도 외로운 신하가 되니, 하물며 그보다 미약한 자야 말할 것이 있겠는가?

— 이곡, 「차마설」에서

정치인이 누리는 '권세'는 국민에게서 잠시 빌린 것일 뿐이라는 거야. 국민이 권세(권력)를 회수하면 아무것도 아닌 그저 '외톨이'가 되어야 한다는 말이지. 『군주론』에서도, 『도덕경』에서도 정치인의 바람직한 자세에 대해 일리가 있는 점을 지적했지만, 무엇보다도 중요한 점은 자신을 뽑아 준 국민들에게 (한때 유행했던 말을 잠시 빌리자면) '의리(義理)'를 지키는 것 아닐까?

모범적인 정치를 꿈꾸며

그렇다면 직업인으로서의 정치인은 어떤 자질을 가져야 할까? 독일의 사회학자 막스 베버Max Weber는 '열정, 책임감, 균형 감각'을 들고 있는데, 우리가 일반적으로 생각하는 사전적 의미와는 약간 다른 뉘앙스로 이 단어들을 사용하고 있어. 베버의 표현을 빌리자면 '열정'은 어떤 목적을 향한 뜨거운 확신이라 할 수 있고, '책임감'은 뜨거운 '열정'을 식혀 주고 통제하는 자질이라고 해. 그리고 '균형 감각'은 사물이나 사람에 대해 적절한 거리를 유지하는 능력으로서 '책임감'을 단련하는 자질이라고 베버는 말하고 있단다.

이에 그치지 않고, 베버는 그의 저서 『직업으로서의 정치』에서 정치인이 갖추어야 할 두 가지 윤리 원칙, 즉 '신념윤리'와 '책임윤리'를 제시했어. '신념윤리'는 정치인 스스로가 갖는 내면의 신념, 곧 가치 그 자체를 말하고, '책임윤리'는 그러한 정치적 신념이 가져온 결과에 대해 어떠한 식으로든 책임을 져야 한다는 원칙을 말해. 고위 공직자나 정치인 가운데 불미스러운 일로 여론의 질타를 받다가, 논란이 된 사태를 책임지고 사퇴하는 경우가 종종 있는데, 이것이 바로 책임윤리의 예라고 볼 수 있어. 요컨대 막스 베버가 생각하는 정치인의 소명은 자신의 가치와 신념에 충실하되, 그 행위에 대해 책임질 줄 알아야 한다는 것이지.

앞서 말한 열정, 책임감, 균형 감각, 그리고 신념과 책임의 윤리는 오늘날의 정치인들에게 변함없이 요구되는 중요한 덕목이라는 생각이 드는구나. 재준이는 정치인에게 어떤 덕목이 더 필요하다고 생각하니? 또 장차 어떤 정치인이 되려고 마음먹고 있니? 지금부터 올바른 정치를 위한 생각을 조금씩 해 보는 것은 어떨까? 재준이가 나중에 커서 '바람직한 정치인이란 바로 이것이다'라는 모범 답안을 직접 보여 주는 사람이 된다면 더 바랄 게 없겠다.

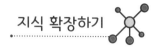
 이 책 한번 볼래?

『청소년, 정치의 주인이 되어 볼까』
이효건 / 사계절

고등학생인 재준이가 복잡한 현실 정치에 대해 본격적으로 공부하기에는 아직 역부족일 것이라는 생각이 들어. 때마침 '정치'라는 주제를 청소년의 눈높이에 맞게 풀어낸『청소년, 정치의 주인이 되어 볼까』라는 책이 출간 되었단다. 이 책은 우리 사회의 토대를 이루고 있는 민주주의의 원리와 가 치를 쉽게 설명하는 한편, 청소년들이 실제 정치에 참여할 수 있는 구체적 인 방안과 사례를 소개하고 있는 '정치 교양서'야. 정치의 기능이 무엇이 고, 민주주의가 어떤 의미를 갖는지, 권력 분립의 원칙이 무엇인지, 선거 제도에는 어떤 종류가 있는지 등 다양한 내용을 머리에 쏙 들어오게끔 설 명하고 있단다. 이를테면 반장 선거나 학생회장 선거 등 청소년들이 일상 생활에서 겪는 사례를 들어 선거제도를 소개하는 식이지.

이 책을 읽고 나면 올바른 정치 참여가 무엇인지, '정치'란 과연 무엇인지 와 같은 추상적 내용에 답을 할 수 있게 될 거야. 정치의 근간인 '헌법'의

'정치인'을 꿈꾸는
친구들에게

기초에 대해서도 배울 수 있고 말이야. 게다가 정치와 밀접한 관련을 맺고 있는 다양한 국가기관에 대해서도 다루는 등 민주주의 체제의 정치를 손에 잡힐 듯 생생하게 설명하고 있단다. 예비 정치인이 기본적으로 갖추어야 할 소양을 쌓기에 딱 좋은 책이야. 한번 읽어 볼래?

 이 책 한번 볼래?

『지구를 구하는 정치책』
홍세화 외 4인 / 나무야

정치란 우리 삶과 떼려야 뗄 수 없는 관계에 있어. 모든 문제는 결국 정치의 문제라 해도 과언이 아니지. 그렇다면 정치란 우리 삶에서 구체적으로 어떤 부분과 연결되어 있고, 어떤 역할을 하고 있을까? 이 물음에 대한 단서를 제공하고 있는 책이 바로 『지구를 구하는 정치책』이야. 이 책은 정치와 일상생활의 연결 고리를 다섯 가지 주제로 엮었어. 가난한 국민의 고통을 덜어 주는 것이 올바른 정치라고 말하는 첫 번째 이야기로 시작해서, 전쟁은 결국 지구의 생명을 앗아 간다고 경고하면서 전쟁과 정치의 관계를 밝힌 두 번째 이야기, 기후변화의 현실에 대응하는 정치의 역할을 묻고 있는 세 번째 이야기가 이어지지. 또 네 번째 이야기에서는 다른 나라에서

국회의원, 지방자치단체장, 대통령

밀려드는 난민을 정치적으로 어떻게 해결할 것인지를 모색하는가 하면, 마지막 다섯 번째 이야기에서는 민주주의의 꽃이라고 일컬어지는 선거제도의 맹점을 살펴보고 있단다.

이 책을 쓴 다섯 명의 저자는 모두 시민사회 영역에서 오랜 기간 활동한 전문가야. 이들은 현실에서 첨예하게 부딪히고 있는 삶의 문제를 해결해 주는 것은 결국 정치라고 강조하며, 좋은 정치가 필요한 이유를 근본적으로 성찰하도록 이끌지. 현실 밀착형 정치의 참맛을 느낄 수 있기에, 재준이에게 더할 나위 없이 유익한 책이라는 생각이 드는구나. 이 책을 덮고 나서 과연 지금 우리나라의 정치 현실은 어떤지, 올바른 정치를 이끌어 가기 위해 정치인은 어떤 노력을 기울여야 할지 찬찬히 생각해 보렴.

 이 영화 한번 볼래?

〈위대한 독재자〉

찰리 채플린 감독 / 1940년

〈위대한 독재자〉는 찰리 채플린이 감독, 제작, 각본, 주연을 맡은 영화야. 권력을 악용한 최악의 정치인이자 독재자로 회자되는 아돌프 히틀러와 나치즘을 노골적으로 희화화한 정치 풍자극이지. 유대인 이발사 '찰리'와 세

'정치인'을 꿈꾸는
친구들에게

계 정복을 꿈꾸는 독재자 '힌켈'이 주인공인데, 두 사람이 '같은 얼굴', '다른 생각'을 가진 인물이라는 설정이 흥미로워.

영화에서는 '힌켈'과 '찰리'의 비슷한 외모 때문에 두 사람이 서로 뒤바뀌게 되는 우스꽝스러운 사건이 벌어져. 독재자 힌켈이 찰리로 오해받아 돌격대에 체포당하고, 이발사 찰리는 힌켈로 오인돼 병사들의 호위를 받으며 얼떨결에 '오스테를리히' 정복에 나서게 되지. 찰리는 오스테를리히 점령을 자축하는 자리에서 연설을 하게 되는데, 힌켈의 제복을 입은 순박한 이발사 찰리는 연단 위에서 돌변해 반(反)독재, 평화, 인류애, 민주주의를 부르짖는단다. 이 연설은 〈위대한 독재자〉의 하이라이트라고 할 만큼 유명한 장면이야. 참된 정치의 목적이 어디에 있어야 하는지를 알려 주는 명연설이거든.

독재자의 자리에 선 이발사가 "민주주의의 이름 아래 하나로 뭉칩시다."라고 말하는 장면이 얼마나 통쾌한지는 영화를 직접 봐야 느낄 수 있어. 이영화가 만들어진 시기는 제2차세계대전이 한창이던 1940년이야. 히틀러의 폭압이 한창이던 그 시기에, 나치즘을 향한 날카로운 비판을 작품 속에 담아낸 채플린의 용기에 박수를 보내고 싶더구나. 채플린이 독재자 힌켈과 이발사 찰리 역을 동시에 연기하는데, 동화 『왕자와 거지』가 연상되기도 하는 흥미로운 작품이란다.

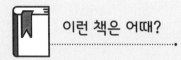 이런 책은 어때?

☞ 난이도
★ 하
★★★ 중
★★★★★ 상

● 시민들과의 약속을 지키기 위한 정치인들의 구체적인 활동을 생생히 엿보고, 좋은 정치인이 무엇인지 고민하고 싶은 이들에게

청소년행복연구실의 『나의 직업: 정치가』(동천출판) ★

김영희의 『나는 시의회로 출근한다』(산지니) ★★★

하수정의 『스웨덴이 사랑한 정치인, 올로프 팔메』(후마니타스) ★★★★

● 골치 아픈 정치학에 대한 최소한의 상식과 교양을 갖추고 싶은 이들에게

페르난도 사바테르의 『청소년을 위한 이야기 정치학』(웅진지식하우스) ★★

고성국의 『10대와 통하는 정치학』(철수와영희) ★★

구민정 · 권재원의 『민주주의를 만든 생각들』(휴머니스트) ★★★

● 정치학의 고전을 탐독하고 싶은 이들에게

장영란의 『플라톤의 국가, 정의를 꿈꾸다』(사계절) ★★★

유원기의 『아리스토텔레스의 정치학, 행복의 조건을 묻다』(사계절) ★★★

● 1945년 정부 수립 이후 오늘날까지, 대한민국 정치의 역사를 알고 싶은 이들에게

서중석의 『대한민국 선거 이야기』(역사비평사) ★★★★

김예찬의 『날치기 국회사』(루아크) ★★★★

김육훈의 『민주공화국 대한민국의 탄생』(휴머니스트) ★★★★

● 정치에 대한 상식과 본질을 처음부터 되짚어 보고 싶은 이들에게

제임스 랙서의 『민주주의 이야기』(행성B온다) ★★

스기타 아쓰시의 『정치는 뉴스가 아니라 삶이다』(사계절) ★★★

만프레트 마이의 『이것이 완전한 국가다』(비룡소) ★★★

스왓(SWOT) 분석

선생님이 네가 꿈꾸는 너의 미래를 일목요연하게 정리해 봤어.
선생님이 해 준 이야기를 참고해서 너에게 꼭 맞는
자신만의 꿈을 설계해 보렴.

- 고위직에 오를 경우 국가의 권력을 바탕으로 영향력 있는 일을 도모할 수 있음.
- 사회 변화와 개혁을 앞장서 이끌어 나갈 수 있음.

- 여론(국민)의 감시와 견제가 늘 뒤따름.
- 재임 기간이 4~5년으로 한정되며, 임기가 끝나면 선거로 평가를 받음.

- 지방자치제 실시 이후 기초단체장(시장,구청장, 군수), 기초의회의원(시·군·구의원) 등 선출직이 증가함.

- 정치에 대한 불신과 무관심이 팽배한 사회 분위기.
- 사회가 공직자에게는 일반인보다 엄격한 도덕성을 요구함.

관련 직업
판사, 검사, 변호사

정의의 이름으로 세상의 모든 '악惡'을 심판하겠어!

: '법조인'을 꿈꾸는 친구들에게

▶▶ 핵심 도서

『감시와 처벌』 미셸 푸코 / 나남출판

『안티고네』 소포클레스 / 새문사

『디케의 눈』 금태섭 / 궁리

선생님, 안녕하세요? 정현입니다. 어제 뉴스를 보았는데, 어떤 사람이 누명을 쓰고 옥살이를 하다가 30년이 지나서야 무죄임이 밝혀졌다고 합니다. 이 사람은 그동안 얼마나 억울했을까요? '법(法)'은 정의를 실현시키기 위한 수단인데 현실에서 늘 그렇지만은 않은 것 같습니다. 저는 장래 희망이 '법조인'인데, 특히 나중에 변호사가 되어 무고한 사람이나 법의 보호를 제대로 받지 못하는 사람들을 위해 할 수 있는 일을 찾아보고 싶습니다.

그런데 '법학'은 워낙 어려운 학문이라 제가 잘할 수 있을지 걱정이 되기도 합니다. 장차 변호사와 같은 법조인이 되기 위해서는 어떤 마음의 준비를 해야 할까요? 또 미리 알아 두어야 할 것이 있다면 가르쳐 주세요.

공쌤의 편지

법, 우리 사회를 움직이는 시스템

'법'을 '지켜야 하는 것'으로만 생각하면 사람들의 행동을 제약하는 거추장스러운 것쯤으로 여기게 되고, '법'을 '공부해야 하는 것'이라고 생각하면 왠지 어렵고 복잡한 것으로만 느껴지지. 하지만 법이 없는 우리 사회를 생각해 보렴. 상상이 안 되지? 우리가 살아가는 세상은 모든 것이 '법'에 의해 움직인다고 해도 과언이 아니야. 법은 사회를 지탱하고 유지하는 데 없어서는 안 될 일종의 '시스템'이라고 봐야 해. 마치 물이나 공기가 평상시에는 존재감이 없지만, 그렇다고 해서 없어서는 절대 안 되는 것처럼 말이야. 이렇게 중요한 '법'을 다루는 직업이 '법조인'이니까 자부심을 가져도 좋을 것 같구나.

'법조인'을 꿈꾸는
친구들에게

법조인이 되기 위해서는 사법시험을 통과하거나 로스쿨(법학전문 대학원)을 졸업한 뒤 변호사 자격시험을 봐야 한단다. 그런데 사법시험은 2017년을 마지막으로 폐지될 예정이니, 앞으로는 로스쿨을 졸업한 뒤 변호사 자격시험에 응시해 통과해야만 법조인이 될 수 있어.

현재 로스쿨 출신들이 검사와 판사로 임용되려면 변호사 시험에 합격한 뒤 검찰과 법원에 지원해서 정해진 평가 단계를 거쳐야 해. 검찰은 지원자에게 별도의 법조 경력을 요구하지 않지만, 법원에서는 3년 동안 변호사나 법원 재판 연구원으로 일한 변호사에게만 판사 지원 자격을 부여하고 있단다. 따라서 판사가 되려면 최소 3년간의 법조 경력을 쌓아야 하지.

2009년 로스쿨이 생기기 전까지는, 법조인이 되려면 반드시 사법시험을 통과해야 했어. 지금도 그렇지만 이 시험은 선발 인원이 극소수로 한정되어 있어서 합격하기가 매우 힘들단다. 이렇게 힘든 과정을 거치기 때문에 우리 사회에서는 사법시험을 거친 법조인에게 상대적으로 많은 혜택이 돌아간 게 사실이야. 그래서인지 법조인은 누구나 선망하는 직업군으로 인식되고 있지.

그런데 정현이가 법조인이 되겠다고 마음먹은 이유가, 남들이 부러워하는 혜택을 누리기 위한 것이 아니라, 많은 사람을 법적으로 도와주기 위해서라니 참 기특하구나. 자, 이제 법조인이 되기 전에 한 번쯤 생각해 봤으면 하는 몇 가지를 살펴보자꾸나.

판사, 검사, 변호사

공정성을 따질 때 중요한 것은 '법 집행'

정현이가 억울한 옥살이에 대해서 이야기를 꺼냈으니 그 얘기부터 먼저 해야겠다. 프랑스의 철학자 미셸 푸코^{Michel Foucault}가 쓴 『감시와 처벌』에는 '권력'과 '형벌'의 관계를 인상적으로 서술한 부분이 나온단다.

푸코에 따르면, 중세 시대 이전의 형벌은 주로 신체에 직접적으로 가해졌어. 신체 형벌을 통해 왕은 자신의 권위를 백성에게 알리고자 했기 때문이지. 그래서 신체 형벌은 하나의 성대한 의식처럼 치러졌다고 해. 사람들을 강제로 광장에 모아 놓은 뒤 모두가 보는 앞에서 범죄자에게 각종 신체적 형벌을 가했던 거지. 하지만 이런 의식은 종종 예상치 못한 부작용을 드러냈단다. 의식이 진행되는 과정에서 범죄자가 자신의 억울함, 사회에 대한 불만을 대중에게 표출하면서, 백성들이 범죄자를 불쌍하다고 인식하는 동시에, 사회에 대한 불만을 품게 되는 부작용이 발생한 거지. 이는 결과적으로 민란이나 폭동과 같은 불상사를 발생시키곤 했어. 그래서 이후에 등장한 형벌이 감옥살이야. 이전의 신체 형벌이 인간의 신체에 고통을 가하는 방식이라면, 감옥살이는 인간의 정신 개조를 목적으로 해. 범죄자가 자신이 지은 죄를 반성할 수 있게 만드는 형태지. 정신 개조는 현대에 와서 '교화(敎化)'라는 말로 미화되었는데 그러한 교화의 궁극적인 목적은 사회화, 즉 권력에 이익이 될 수 있는 존재로 만들어 나가는 데에 있다고 푸코는 말하고 있어.

원형 감옥 형식의 형무소인 쿠바의 프레시디오 모델로

　이때 범죄자가 하는 감옥살이(징역)의 기간은 재판이라는 과정을 통해 더도 아니고 덜도 아닌, 딱 범죄자가 교화될 수 있는 범위 내에서 설정되어야 해. 단, 이렇게 되려면 재판의 과정에서 적용되는 법이 '공평'하고 '공정'해야 하겠지. 엄밀하게 따지면 법의 '집행'이 공평하고 공정해야 한단다. 법원에 가면 정의의 여신인 '디케'의 상이 서 있는 것을 볼 수 있는데, 정의의 여신은 너도 알다시피 '칼과 저울'을 들고 있잖아. 칼은 엄정한 법 집행을 상징하고, 저울은 형평성, 즉 법 집행이 공평해야 함을 나타내지. 그리고 눈을 가린 것은 사람을 겉모습으로 판단하지 말고 공정하게 판결을 내리라는 뜻이고 말이야. 그런데 현실은 어때? 정현이가 신문에서 보았듯

디케의 상

이 공정하지 않거나 공평하지 않은 판결에 의해 억울한 옥살이를
하는 사람이 의외로 적지 않단다. 왜 그런 일이 일어날까?

자연법과 실정법, 여기에 딜레마가 있다

일반적으로 '법'이라고 하면 '실정법'을 염두에 두고 하는 말
일 때가 많아. 실정법과 대척점에 있는 법으로는 시공을 초월하여

영구불변하고 보편타당성을 가지는 '자연법'이라는 게 있지. 쉽게 말해서 '살인하지 말라', '남의 것을 훔치지 말라'와 같이 인간이라면 당연히 지켜야 하는, 아주 자연스럽게 발생한 규범이 '자연법'이야. 그리고 시간과 공간에 따라 인간의 필요에 의해 만들어진 규범, 이를테면 '도로교통법'처럼 시대와 지역에 따라 허용되기도 하고 금지되기도 하는 규범이 '실정법'이지. 실정법은 일반적으로 인간이 국가라는 공동체 사회를 만들고 통치 질서를 확립하기 위해 만들어 낸 규범이라 할 수 있어.

흔히 실정법과 자연법 가운데 자연법에 무게를 두는 법학자들은 자연법이 실정법에 비하여 고차원적인 가치와 우월한 효력을 가진다고 말한단다. '실정법의 옳고 그름을 판단하는 기준이 되는 것이 자연법'이라고도 하고 말이야. 이런 '자연법사상'은 16~17세기에 본격적으로 전개되어 근대사회가 형성되는 과정에서 중요한 이념적 자양분 역할을 했어. 그 당시 홉스, 로크, 루소 등이 바로 자연법사상을 주장했던 사상가들이지. 자연법사상은 인간이 가지는 본능이나 본성을 중시하는 등 인위적으로 형성된 실정법과는 명백한 대비를 이루는 게 특징이야. 우리가 "그 사람은 법 없이도 살 사람이야."라고 말할 때, 바로 '그 사람'이 실정법이 아닌 인간 본성에 근거한 자연법에 기대어 사는 사람을 의미하지.

그런데 이런 자연법과 실정법이 맞부딪힐 때에는 심각한 딜레마가 발생하게 돼. 그리스의 3대 비극 작가로 알려진 소포클레스

169

의 『안티고네』에는 자연법과 실정법의 갈등이 잘 드러나 있어. 『안티고네』는 왕위를 찬탈하기 위해 서로 창을 겨누다가 한날한시에 죽은 형제, 에테오클레스와 폴리네이케스의 이야기로 시작해. 이 작품에서는 테바이의 왕 크레온이 자신을 지지하지 않았던 폴리네이케스의 장례를 치르지 못하게 하는 바람에, 폴리네이케스의 시신이 짐승의 먹이가 될 처지에 놓이게 된단다. 그러자 오이디푸스의 딸이자 폴리네이케스의 여동생인 안티고네가 왕의 명령을 무시하고 은밀하게 오빠의 장례를 치르지. 이 사실을 나중에 알게 된 크레온 왕은 국법을 위반했다며 안티고네에게 책임을 추궁한단다. 안티고네는 법을 어긴 것일까, 그렇지 않은 것일까?

크레온: 그렇다면 네가 정녕 그 법을 감히 위반했단 말이지?

안티고네: 네, 그 법은 제우스 신께서 만든 법이 아니니까요. 하계의 신들과 함께 계신 정의의 신도 이런 법을 세상에 반포하신 적은 없습니다. 인간의 글로 써지지는 않았으나 영원한 하늘의 법을 어길 수가 있을까요? 저는 왕께서 정하신 법이 하늘의 법과 같은 힘을 지니고 있다고는 생각지 않습니다. 하늘의 법은 어제, 오늘에 생긴 것이 아니며 아무도 그 법이 언제 생겼는지 알지 못합니다. 저는 인간의 자존심은 두려워하지 않지만 신 앞에서 하늘의 법을 어겼노라고 대답할 수는 없습니다.

— 소포클레스, 『안티고네』에서

'법조인'을 꿈꾸는
친구들에게

크레온이 말하는 '그 법'은 현실의 법인 실정법이야. 하지만 인간의 마음속에는 실정법을 넘어서는 법이 있어. 안티고네는 이 것을 '제우스 신께서 만든 법', '하늘의 법'이라 표현하고 있는데, 바로 '자연법'을 의미해. 안티고네의 항변에는 아무리 엄격한 실정법이라 하더라도 그보다 근본적인 자연법을 거스를 수 없다는 사상이 담겨 있단다.

법조인은 우리 사회의 갈등을 다루는 사람이야. 법조인은 실정법에 따라 범죄 여부를 판단하고 갈등을 중재하지. 하지만 실정법은 사람이 만들었고, 사람이 운용하는 것이기 때문에 그 자체에 오류의 가능성과 한계가 존재해. 그 사실을 겸허하게 인정하고, 자연법을 존중한다면 실정법의 오류를 피할 수 있지 않을까?

자연법과 실정법에서 드러나는 윤리적 긴장 관계가『안티고네』같은 문학작품에만 등장하는 것은 아니야. 현실에서도 아주 흔하게 일어나고 있지. 특히 현실에서는 일반 대중이 가지는 '법 감정'을 고려하여 법을 집행하는 경우 때문에 종종 갈등이 발생하곤 한단다. 공식적인 법률 용어는 아니지만, '법 감정'이란 실정법과 법조인의 유권해석과는 상관없이 어떠한 사안이나 사건에 대해 대중이 가지게 되는 법률적인 견해를 말해. 예를 들어 살인 사건의 피의자의 얼굴과 이름을 공개하는 문제와 관련해, 대중의 법 감정과 실정법 사이에 괴리가 존재해 논란이 되기도 했지. 빗발치는 여론에도 불구하고 피의자 신상이 공개되지 않는 경우가 있었거든. 현재

판사, 검사, 변호사

우리나라에서는 대중의 법 감정을 고려해, 엄격한 단서 조항을 전제로 이를 공개하고 있어.

법 감정에 대한 전문가들의 중론은 '법 감정을 존중하되 법 감정이 법리에 우선할 수는 없다'는 것이야. 즉 법을 집행하는 입장에 선 자들은 여론과 원칙이 상충하더라도 원칙에 충실해야 한다고 이야기한단다. 물론 가장 이상적인 것은 대중의 법 감정과 공권력의 법리가 일치하는 경우겠지. 하지만 '원칙'에 마냥 기대어 법을 집행하기가 힘든 상황도 존재하니, 그리 간단한 일만은 아닌 듯하구나.

양심과 원칙 VS 정치적·사회적 고려

법을 다루는 실제 법률 현장에서의 어려움은 『디케의 눈』이라는 책에 잘 나와 있어. 법의 여신 '디케'가 들고 있는 저울과 칼은 공정하고 공평한 법을 상징한다고 했던 것, 기억하지? 그렇다면 디케가 눈을 가린 이유는 무엇일까? 눈을 감고 있으니 선입견 없이 공정한 판결을 내리라는 의미도 있겠지만, 저자인 금태섭 변호사는 법을 통해서 진실을 찾는다는 것이 얼마나 힘든 일인가를 상징적으로 보여 주는 것이라 말하고 있어. 달리 말해, 디케가 눈을 가리고 있는 것은 올바른 판단을 위해 최선을 다한다고 하더라도 때로는 그 결과가 틀릴 수 있다는 점을 나타낸다는 거야. 이 책은 그 예로 먼 이국에서 발생한 '두순자 사건'을 소개하고 있어.

172

LA 폭동으로 불에 탄 건물들

미국에서 로스앤젤레스 폭동이 일어나기 1년 전인 1991년, 흑인 빈민 지역에서 슈퍼마켓을 운영하던 한국인 두순자 씨는 어느 날 한 흑인 소녀가 음료수 한 병을 몰래 훔치는 장면을 목격했어. 그것을 제지하던 두 씨는 그 소녀로부터 얼굴을 주먹으로 맞았어. 겁을 먹은 두 씨는 숨겨 두었던 권총을 꺼내 소녀에게 쏘았고, 흑인 소녀는 그 자리에서 숨졌지. 결국 두 씨는 살인죄로 기소되었어.

재판에서 두 씨는 자신의 행위를 정당방위라고 주장했어. 이미 수십 차례 강도를 당한 적이 있었고, 소녀가 도둑질을 하고 있었으며, 자신도 공격을 당했다는 거지. 그런데 숨진 흑인 소녀는 평상시에는 범죄와 전혀 상관없는 모범생이었어. 그래서인지 배심원들은 두 씨의 정당방위 주장을 수용하지 않았고, 검사도 법정 최고형

판사, 검사, 변호사

인 무기징역을 구형했단다. 이제 판사의 최후 선고만을 앞둔 상태에서, 이 판결에 대해 미국 언론의 관심이 집중되었어.

아마도 이때 판사는 심각한 갈등을 했을 게 분명해. 두 씨에게 무죄 혹은 가벼운 형을 내린다면 흑인 사회에서 '인종차별적 재판이다', '흑인을 무시하는 처사다' 등 거센 반발이 일어날 것이 예상되었기 때문이지. 그래서 사람들은 다소 무거운 형이 내려질지도 모른다고 생각했어. 하지만 이런 예상을 깨고, 당시 판사는 비교적 가벼운 집행유예를 선고했지.

두순자 씨가 풀려나자 예상대로 흑인 사회는 격분했어. 1년 뒤 폭동이 일어났을 때 한인들의 피해가 극심했던 것도 바로 이 사건이 앙금으로 남아 있었다는 분석이 지배적이란다. 만약에 그때 판사가 무거운 형벌을 내렸다면 흑인 폭동이 안 일어났을지도 모르고, 최소한 한인들의 피해는 그리 크지 않았을 거야. 자, 그렇다면 판사가 그 당시 자신의 판결이 미칠 사회적 파장까지 고려하여 '정치적 판결'을 했다고 생각해 보자. 이 판사는 욕을 먹어야 할까, 이후 발생할 후폭풍을 미연에 방지했으므로 그 공로를 인정해 주어야 할까? 정말 어려운 문제지? 정현이 너라면 어떻게 하겠니? 이 책을 읽으며, 법을 통해 정의를 실현한다는 것이 얼마나 힘든 일인지, 법이 지향해야 할 방향은 무엇인지 깊이 고민해 보길 바랄게.

'법조인'을 꿈꾸는
친구들에게

 이 책 한번 볼래?

『헌법의 풍경』

김두식 / 교양인

2004년 처음 출간된 『헌법의 풍경』은 '법학 교양서를 대표하는 책'이자 '법률가 지망생들의 필독서'로 꼽히는 유명한 책이야. 이 책이 나오기 전까지만 해도 법학 관련 도서들은 내용이 너무 어려워 일반인들이 읽기가 쉽지 않았어. 이때 김두식 교수가 '전문가주의'를 비판하면서, '누구나 쉽게 이해할 수 있는' 법 이야기인 『헌법의 풍경』을 펴내 독자들에게 신선한 충격을 안겨 주었지.

저자인 경북대 법학전문대학원의 김두식 교수는 검사 출신답게 법 집행의 현장에서 직접 보고 들은 생생함 경험담을 솔직하게 들려주고 있어. 그는 난해한 법률 용어 대신 쉬운 단어를 사용해 우리나라 법 운용의 실태를 파헤치고, 법조계의 어두운 현실을 밝히고 있단다. 한국 사회의 법적 현실을 판례와 이론을 바탕으로 살펴볼 수 있는 좋은 책이니, 정현이가 꼭 한번 보았으면 해. 나중에 법조인이 된다면, 저자가 지적하고 있는 한국의 왜곡된 법조 문화를 어떻게 바꿔 나가면 좋을지도 생각해 보렴.

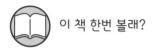

『정의란 무엇인가』

마이클 샌델 / 와이즈베리

미국의 정치철학자 마이클 샌델이 쓴 『정의란 무엇인가』는 도덕적 딜레마 상황을 제시하고, 어떤 선택이 더 정의로운지에 대해 진지하게 생각해 보도록 이끈단다. 하버드대학교에서 정치철학을 가르치고 있는 저자가 20년 넘게 수천 명의 학생들과 함께했던 '정의(Justice)'라는 강의를 바탕으로 삼아 쓴 책이지.

샌델에 따르면 정의의 개념은 당대의 철학을 반영한다고 해. 그는 수천 년 전 철학자 '아리스토텔레스'부터 최근의 정치철학자 '존 롤스'에 이르기까지, 정의에 대해 논한 무수한 철학자들의 주장을 이 책에 소환하고 있어. 더 나아가 구제금융, 대리출산, 동성 결혼 등 현대사회에서 윤리적 논쟁을 낳는 문제를 소개하며, 최선의 선택을 할 수 있는 방향을 제시해 주지.

법조인의 사명은 정의를 구현하는 것이야. 하지만 현실에서 법의 제정과 집행이 늘 정의롭게 이뤄지는 것은 아니지. 장차 법조인을 꿈꾸는 정현이가 이 책이 제시하는 철학적 질문을 진지하게 고민해 본다면, 옳고 그름, 정의와 부당함, 평등과 불평등, 개인의 권리와 공동선을 둘러싼 많은 논란 가운데서 정현이만의 견해를 정립하는 데 큰 도움을 얻을 수 있을 거야.

'법조인'을 꿈꾸는
친구들에게

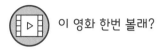

〈변호인〉

양우석 감독 / 2013년

〈변호인〉은 돈만 좇던 변호사가 사람을 위하는 참된 법조인으로 변모하는 과정을 극적으로 그린 영화야. 주인공 송우석 변호사는 돈벌이에 혈안인 세무 전문 변호사로 그려져. 가족의 안위와 행복만을 추구하던 그는 억울한 시국 사건에 휘말린 단골 국밥집 아들을 변호하면서 인생의 변화를 맞지. 그는 다섯 번의 공판을 치르며, 법조인의 직업적 소명과 삶의 가치를 깨달아 간단다.

이 영화는 1981년 '부림 사건'이라는 실화를 바탕으로 만들어졌어. 이 사건은 부산 지역에서 독서 모임을 하던 학생, 교사 등 22명이 영장 없이 체포돼 살인적인 고문을 당하며 공산주의자라는 낙인을 받았던 공안 사건이야. 공권력에 억울하게 탄압받은 한 인간을 구하려는 주인공의 모습을 통해, 영화는 폭력의 시대에도 기본과 상식을 지키려 했던 사람이 있음을 극적으로 보여 주지. 법정에서 주인공이 "대한민국 헌법 제1조 2항, 대한민국 주권은 국민에 있고 모든 권력은 국민으로부터 나온다. 국가란 국민입니다."라고 일갈하는 장면은 이 영화의 최고 백미이자, 이 시대의 모든 권력자가 마음속에 아로새겨야 할 명언이 아닐까 해.

이런 책은 어때?

☞ 난이도
★ 하
★★★ 중
★★★★★ 상

● 법조인이 되는 방법에 대한 실질적인 정보를 얻고 싶은 이들에게

　　이상돈 · 홍성수의 『MT 법학』(장서가) ★★

　　임수빈 외 14인의 『판사 · 검사 · 변호사가 말하는 법조인』(부키) ★★★

● 법조인의 사명을 몸소 실천한 선배들의 인생을 엿보고 싶은 이들에게

　　박상률의 『조영래』(사계절) ★

　　법무법인 지향 변호사들의 『나는 그렇게 생각하지 않습니다』(궁리) ★★

● 판례들을 통해 법률이 현실에서 어떻게 적용되는지 살펴보고 싶은 이들에게

　　L. 레너드 케스터 · 사이먼 정의 『세계를 발칵 뒤집은 판결 31』(현암사) ★★★

　　김영란의 『판결을 다시 생각한다』(창비) ★★★

● 법의 모순과 딜레마에 대해 고민해 보고 싶은 이들에게

　　김욱의 『교양으로 읽는 법 이야기』(인물과사상사) ★★★★

　　최승필의 『법의 지도』(헤이북스) ★★★★

● 법의 위험성 및 법을 집행하는 인간 이성의 한계에 대해 성찰하고 싶은 이들에게

　　박원순의 『세기의 재판』(한겨레출판) ★★★

　　금태섭의 『확신의 함정』(한겨레출판) ★★★

● 법학 분야의 고전을 접하고 싶은 이들에게

　　몽테스키외의 『법의 정신』(책세상) ★★★★★

　　체사레 벡카리아의 『범죄와 형벌』(박영사) ★★★★★

　　루돌프 폰 예링의 『권리를 위한 투쟁』(범우사) ★★★★★

스왓(SWOT) 분석

선생님이 네가 꿈꾸는 너의 미래를 일목요연하게 정리해 봤어.
선생님이 해 준 이야기를 참고해서 너에게 꼭 맞는
자신만의 꿈을 설계해 보렴.

- 타인의 선망이 될 정도로 충분한 사회적 지위와 보상을 얻음.
- 사회 정의를 실현한다는 사명감과 자긍심이 상대적으로 높음.

- 사법시험을 치르거나, 로스쿨을 졸업한 뒤 까다로운 자격시험을 거쳐야 함.
- 법률 분쟁을 다루기 때문에 일정 정도의 스트레스가 상존함.

S
Strength
강점

W
Weakness
약점

기회
Opportunity
O

위협
Threat
T

- 법률 서비스의 수요가 증가하는 추세에 있음.
- 로스쿨 등을 통해 법조인이 되는 길이 넓어짐.

- 법조인의 공급이 늘어날 경우 개인의 능력에 따라 소득 차이가 심화될 우려가 있음.

179

나는 '국가 대표 공무원', 국가와 세계를 위해 봉사한다

: '외교관'을 꾸는 친구들에게

▶▶ 핵심 도서

『생각의 지도』 리처드 니스벳 / 김영사

『문명의 충돌』 새뮤얼 헌팅턴 / 김영사

『서희의 외교 담판』 장철균 / 살림

선생님, 안녕하세요? 수현이에요. 저의 장래 희망은 외교관이 되는 것이랍니다. 외교관은 우리나라를 대표하여 세계 외교 무대에 나서야 하는 만큼 자격이 까다롭고 선발 문턱도 높겠지만, 그 자부심만큼은 어떤 직업 못지않을 것 같아요. 이건 선생님께 처음 말씀드리는 건데, 훗날 국제연합(UN) 사무총장 자리에 오른 당당한 제 모습을 상상해 보기도 한답니다. '세계 최고 외교관'의 자리에 올라 지구 곳곳을 누비며 분쟁을 중재하고 세계 평화를 수호하는 제 모습을 상상하니 가슴이 벅차오릅니다.

선생님, 훌륭한 외교관의 자질은 무엇인가요? 외교 무대에서 국제사회의 갈등을 현명하게 극복해 나가려면 어떤 것을 미리 알아 두면 좋을지, 구체적인 조언도 부탁드립니다.

공쌤의 편지

국제 무대에서 활약하다

흔히 외교를 '소리 없는 전쟁'이라고 표현해. 먼 옛날에는 국가의 이익을 위해 무력을 동원하는 일이 다반사였지만 현대사회에서는 주로 평화적인 방법, 이를테면 대화와 협상 등으로 다른 나라와의 관계를 유지하면서 국익을 도모하기 때문에 그렇단다. 하지만 소리 없는 전쟁이라고 해서 만만하게 봐서는 안 돼. 지구촌이라고 불릴 만큼 세계 각국이 가까워지고, 서로의 영향력이 커진 요즘에는 어떻게 보면 실제 전쟁보다 더 치열한 것이 외교 전쟁이니까 말이야.

외교관은 외무공무원이라고도 불러. 본부 격인 국내의 외무부에 근무하면서 외교 정책을 만들어 나가는 외무공무원이 있는가

'외교관'을 꿈꾸는
친구들에게

하면, 세계 각국의 재외공관에서 일하며 외교 업무를 수행하는 이들이 있지. 재외공관은 대사관과 총영사관으로 나뉘는데, 대사관은 국가를 대표하여 다른 나라와의 협력, 교류, 우호 관계 등 총괄적인 외교 관계와 관련된 업무를 수행하고, 총영사관은 재외 국민들의 신변을 보호하는 역할을 주로 담당한단다.

외무공무원이 자국의 이익을 위해 존재한다면, 국제공무원은 국제사회의 이익을 증진하기 위한 업무를 해. 이들은 국제기구에서 근무하며 전 세계 사람들을 위해 일하는 일종의 행정 전문가지. 국제공무원이 하는 일의 범위는 무척 광범위해. 자신이 속한 기구의 설립 목적에 맞게 세계가 당면한 여러 문제를 해결하는 일을 하거든. 국제공무원이 일하는 국제기구에는 어떤 것들이 있냐고? 반기문 사무총장이 퇴임한 국제연합(UN)을 비롯하여 경제협력개발기구

국제공무원, 국제 교류 전문가

(OECD), 국제연합아동기금(UNICEF), 세계보건기구(WHO), 국제노동기구(ILO), 세계은행(World Bank) 등이 있단다.

20세기 들어 국제 관계가 점점 복잡해지면서 외교관, 국제공무원 등 세계 무대에서 활약하는 직업은 갈수록 그 역할이 중요해지고 있어. 특히 외교관은 국민을 위해, 또는 인류를 위해 봉사하는 일종의 '국가 대표' 공무원이라고 할 수 있으므로, 그 어떤 직업보다 더 큰 책임감과 사명감을 가지고 일해야 한다는 것을 명심했으면 해. 한 나라의 외교관은 국익과 세계 평화를 위해 사사로운 희생을 감내할 만큼 희생정신이 요구되는 무거운 자리거든.

동양과 서양, 세상을 바라보는 서로 다른 시선

외교관은 최우선적으로 다른 나라, 다른 사람에 대한 이해도가 높아야 하는 직업군에 속해. 그래서 고른 책이 미국의 심리학자 리처드 니스벳Richard E. Nisbett이 쓴 『생각의 지도』란다. 사람마다 가치관과 생각이 제각각이고, 남녀 사이에도 사고방식이 서로 다르잖아. 하물며 역사와 문화가 다른 두 나라의 사람이 만난다면 그 차이가 얼마나 크게 느껴지겠니? 이 책의 저자는 이런 점에 착안해 동양과 서양의 사고방식이 어떤 지점에서 차이를 보이고 있는지 역사적, 문화적으로 고찰하고 있어.

저자는 다양한 관점으로 동서양의 차이를 설명하고 있는데, 선생님은 특히 5장에서 동양인은 '동사'를 통해 세상을 보고, 서

184

'외교관'을 꿈꾸는
친구들에게

양인은 '명사'를 통해 세상을 보는 차이점이 있다고 서술한 부분이 아주 인상적이더라. 책에서는 이를 입증하는 실험 결과도 제시해. '소', '닭', '풀' 이렇게 세 개의 그림을 주고 서로 관련된 2개를 묶는 과제를 제시했는데, 서양인은 소와 닭을 하나로 묶는 반면, 동양인은 소와 풀을 한데 묶는 경향이 있더래. 왜 그럴까? 서양인은 소와 닭이 '동물'이라는 동일한 명사적 범주에 속한다고 생각했고, 동양인은 '소가 풀을 먹는다.'라는 동사적 관계를 생각했기 때문이라는 거야. 바꿔 말해, 세상을 만물의 집합체로 보는 서양인은 명사, 곧 사물에 초점을 맞추고 그것이 속한 범주와 이를 지배하는 규칙을 밝히려 노력하는 사고방식에 익숙해. 반대로 동양인은 전체적인 맥락과 관련 요인 속에서 사물을 파악하고 그 관계를 동사로 표현하는 사고방식을 지녔고 말이야. 요컨대 서양은 규칙을 중시하고, 동양은 관계를 중시한다고 할 수 있는 거야. 어때, 선생님의 설명을 들으니 니스벳의 주장에 고개가 끄덕여지니?

이 밖에도 저자는 동양과 서양의 차이를 다양한 역사적, 문화적 사례를 들어 설명해. 간단히 언급해 보면 ① 논리를 중요시하는 서양과 경험을 중요시하는 동양, ② 직선론적 세계관을 가진 서양과 순환론적 세계관을 가진 동양, ③ 홀로 사는 삶을 중요시하는 서양과 더불어 사는 삶을 중요시하는 동양, ④ 부분을 보는 서양과 전체를 보는 동양 등, 동서양을 서로 견주어 보는 저자의 통찰력이 놀랍더구나.

185

저자의 주장은 이런 차이를 단지 존중하고 인정하자는 것에 그치지 않아. 그는 여기서 한발 더 나아가 동서양이 상당한 문화적 차이에도 불구하고, 서로의 장점을 받아들이며 자연스럽게 섞일 것이라 전망하고 있어. 그리고 결국에는 두 문화의 특성이 공존하는 문화를 만들어 갈 거라고 내다보지. 이 책의 제목이기도 한 '생각의 지도'는 동서양의 사고방식이 어떤 지점에서 갈리며, 둘은 얼마만큼 떨어져 있고, 어디에서 만날 수 있는지, 그 좌표를 지도처럼 상세히 보여 준다는 의미를 담고 있는 것이 아닐까 해. 좀처럼 이해하기 어려운 타인, 타문화라 하더라도 '생각의 지도'를 펼쳐 놓고 곰곰이 헤아려 본다면 이해 못 할 것도 없지 않을까? 앞으로 수많은 세계인과 교류하는 외교관이 되려면 이런 '생각의 지도' 한 장쯤은 수현이의 마음속에 가지고 있어야 할 거야.

국가 간의 전쟁이 아니라 문명 간의 충돌이다

만약에 니스벳이 제시한 '생각의 지도'에도 불구하고, 동서양이 끝내 생각의 차이를 극복하지 못한다면 어떻게 될까? 세계 평화를 도모하기 위한 갖가지 외교적 노력은 물거품이 되고 분쟁이 발생하는 거지. 인류 최초로 동서양이 충돌한 사건이라 할 수 있는 페르시아 전쟁부터 최근의 9·11 테러까지, 동서양은 예부터 끊임없이 갈등을 빚어 오고 있는 것이 현실이야. 지금 이 시각에도 국가 간에 크고 작은 분쟁이 일어나고 있는데, 이를 단순한 '국가 대 국

■ 서구 기독교	■ 동방정교	■ 이슬람	■ 이슬람/힌두
■ 라틴아메리카	■ 유교	■ 불교	
■ 아프리카	힌두	■ 일본	

헌팅턴이 말하는 9개의 문명 권역

가'의 갈등이 아니라 상호 이질적인 문명 간의 충돌 현상이라고 설명하는 사람이 있어. 미국의 정치학자 새뮤얼 헌팅턴Samuel Huntington은 『문명의 충돌』에서 냉전 시대가 종식된 1990년대 이후의 세계는 경제적 이해관계나 이념이 아닌, 문명의 차이가 국제분쟁의 주요 원인이 되고 있다고 분석했어. 저자 헌팅턴은 문명의 중심에는 종교가 있다고 주장하며, 지구상에 산재한 문명을 크게 범주화하여 아홉 개의 권역으로 나누었어. 지구촌에는 서구 기독교, 동방정교, 이슬람, 아프리카, 라틴아메리카, 유교, 힌두, 불교, 일본 등의 문명 권역이 있다는 거야.

위의 지도를 보면 대충 짐작이 가겠지만, 몇몇 문명권에는 핵

국제공무원, 국제 교류 전문가

심 국가가 존재하고 있어. 서구 기독교 문명에서는 미국과 유럽의 강대국들이 중심축 역할을 하고, 동방정교 문명에서는 러시아가, 유교 문명에서는 중국이, 힌두 문명에서는 인도가 중심이지. 이에 비해 이슬람, 불교, 라틴아메리카, 아프리카 문명권에는 뚜렷한 핵심 국가가 없어. 그래서 이슬람 문명의 경우 핵심 국가로서의 주도권을 잡기 위해, 문명권 내의 여러 국가가 서로 각축을 벌이는 매우 불안정한 상태에 있는 거야. 또 중국은 경제적 성장을 바탕으로 유교 문명의 정체성을 더욱 강화해, 머지않아 서구 문명에 가장 위협적인 존재로 군림하게 될 것으로 저자는 예상하고 있단다.

한편 저자는 동일한 문명권에 속한 국가들끼리는 핵심 국가를 중심으로 통합의 길을 걷는 반면, 다른 문명권의 국가들과는 서로 반목하고 갈등을 빚어 분쟁이 발생할 것이라고 말해. 수현이가 예상하기에 그런 국제분쟁은 주로 어디에서 일어날 것 같니?『문명의 충돌』에 의하면 오늘날 가장 극심한 분쟁은 주로 문명과 문명이 만나는 '단층선'에서 일어나는 경향이 있다고 해. 특히 헌팅턴은 서구 기독교 문명 대 유교 문명, 서구 기독교 문명 대 이슬람 문명의 충돌 우려가 가장 높다고 진단하고 있지. 이를 방치하면 자칫 세계대전에 버금가는 전쟁으로까지 확대될 수도 있다는 거야. 저자는 문명과 문명이 충돌하는 일을 미연에 방지하기 위해서는, 각 문명권의 핵심 국가가 다른 문명 내부의 분쟁에 개입하지 않는 것이 무엇보다 중요하다고 주장하고 있어. 하지만 선생님 생각에는 이런

'외교관'을 꿈꾸는
친구들에게

소극적인 외교보다는 다른 문명권과 공유할 수 있는 가치관을 확대하고, 분쟁을 막기 위해 끊임없이 타협해 나가는 '적극적인 외교'가 더 중요하지 않을까 해. 이것이 바로 세계 평화를 위해 '외교관'이 발 벗고 나서야 할, 당연하고도 꼭 필요한 일이 아닐까?

외교 영웅의 활약, 역사상 가장 성공한 외교

국제분쟁 중에서 좀처럼 쉽게 해결되지 않는 것 중 하나가 바로 영토 분쟁이란다. 지금도 세계 곳곳에서 영토를 둘러싼 국제분쟁은 지속되고 있어. 당사국들은 서로 자기주장이 옳다고 내세우며 날카롭게 대립하고 있지. 자국의 이익과 직결되기 때문에 쉽사리 포기할 수 없고, 타협할 여지도 크지 않은 것이 바로 영토 문제거든.

그런데 우리 역사를 보면 영토에 관한 첨예한 분쟁을 외교적으로 슬기롭게 해결해, 후대에 '역사상 가장 성공한 외교'라고 평가받는 사건이 하나 있어. 고려 시대 서희의 외교 담판을 두고 하는 말이야. 수현이도 서희에 대해서는 한국사 시간에 배워서 잘 알고 있지? 그런데 다들 서희는 알아도, 서희의 담판이 왜 그토록 위대한 외교적 활약인지에 대해서는 잘 모르는 이들이 많은 것 같아. 『서희의 외교 담판』은 서희가 왜 '외교의 영웅'이라 불릴 만큼 뛰어난 외교관이었는지를 당시의 역사적 맥락에서 조목조목 분석한 책이야.

이 책의 저자 장철균은 전직 외교관으로, 2006년부터 2010년까지 스위스 대사로 근무했던 경력이 있어. 그는 "전쟁 영웅은 많지만 전쟁의 위기를 미리 막아 낸 외교의 영웅은 찾아보기 힘들다."라고 밝히면서, 서희의 활약상을 역사적·외교적 측면에서 다루고 있어. 서희는 국제 정세를 읽는 눈이 탁월한 외교관이었어. 북쪽에 국경을 맞대고 있는 거란이 80만 대군을 이끌고 고려를 침입하자, 대다수의 신하들은 땅을 떼어 주고 항복하자는 의견을 보였어. 하지만 서희는 그런 절박한 상황에서도 송나라와 거란이 앙숙 관계라는 사실과, 거란이 고려를 무력으로 정복하기보다 우호 관계를 맺고 싶어 한다는 사실을 간파했지.

서희는 거란과 담판을 짓겠다고 거란군 진영으로 갔어. 그는 고려가 송나라 대신 거란과 교류할 수 있도록, 거란으로 가는 길목인 압록강 동쪽 지역을 차지할 수 있게 해 달라고 요구했어. 당시 압록강 유역은 여진족이 차지하고 있었는데, 서희는 고려가 거란과 국교를 맺기 위해서는 여진을 내쫓고 그 땅을 고려가 차지해야 가능하다며 조건을 내건 거야. 거란은 송나라를 멀리하겠다는 고려와 국교를 맺는 데 만족해서, 압록강 유역의 땅을 고려가 평정하는 것에 흔쾌히 동의했단다. 이로써 고려는 거란의 침입을 물리침과 동시에, 압록강 일대를 고려 영토로 만드는 데 성공했어. 서희는 고려에 닥친 위기 상황을 오히려 영토를 확장할 수 있는 기회로 바꾼 것이지.

그런데 왜 하필 21세기에 수백 년 전의 서희를 다루었냐고?

'외교관'을 꿈꾸는
친구들에게

서희의 외교 담판을 재현한 장면

『서희의 외교 담판』에서는 한반도의 당시 정세나 현재의 정세가 그리 많이 다르지 않다고 진단하고 있어. 현재 한반도는 미국, 중국, 일본이라는 강대국과 마주하고, 북한이라는 변수까지 감안해야 하는 정세 속에 놓여 있어. '외교 곤란도'로 치자면 서희가 당면했던 고려의 정세와 견주어 보았을 때 우열을 가리기 힘들 정도로 난국이라 할 수 있지. 그러니 21세기에 서희의 '협상 리더십'을 되새겨 보는 일이 의미 있는 거야.

저자는 서희가 뛰어난 외교 실력을 발휘할 수 있던 데는 세 가지 저력이 있었기 때문이라고 설명해. 첫째, 의사 결정 과정에서 서희의 역할 못지않게 그것을 수용하는 최고 결정권자 성종의 역할이 컸다는 점. 대부분의 신하들이 항전하기보다는 항복하자는 의견을 냈지만, 서희는 협상을 해야 한다고 주장했고 결국 성종이 서희의 손을 들어 줬어. 둘째, 서희가 외교관으로서의 상황 판단 능력과 협상 능력이 뛰어났다는 점. 국교의 명분은 거란에 주되, 철저히 실리를 챙기는 방식으로 협상을 진행한 것이 바로 그 단적인 예라고 할 수 있어. 셋째, 고려라는 국가의 비전과 국방력이 뒷받침되고 있었다는 점. 거란이 고려를 정복하려 덤비지 않고 친교를 맺으려고 했던 것만 보아도, 당시 고려가 결코 만만한 상대가 아니었으며 오히려 외교적으로도 쓸모가 많다고 판단했음을 알 수 있지.

수현아, 어때? 1,000년 전 서희의 외교 담판이 오늘날 우리나라가 처한 상황을 외교적으로 해결하는 데 어떤 시사점을 주는지 알 수 있겠니? 앞으로 지구촌을 누비며 우리나라의 국익을 당당하게 설파할 수 있는 유능한 '제2의 서희'가 출현하길 기대할게.

'외교관'을 꿈꾸는
친구들에게

이 책 한번 볼래?

『외교, 외교관』

최병구 / 평민사

『외교, 외교관』은 외교 실무를 맡았던 저자가 업무 현장에서 직접 경험했던 것을 바탕으로 쓴 책이야. 외교의 의미와 속성, 국가 간의 관계와 같은 기본적인 지식에서부터 외교관 선발 과정, 성공적인 외교의 조건 등에 관한 현실적인 조언을 모두 담은 책이지. 특히 외교관이 언어를 어떻게 구사하는지에 따라서 외교의 결과가 180도 달라질 수 있다는 4장의 내용과, 언론을 잘 이해해야 성공적인 외교를 할 수 있다는 5장의 내용은 곱씹어 볼 만해.

책 전체를 통틀어 저자가 성공적인 외교의 조건으로 내세운 것은 바로 '경험'이란다. 외교는 해박한 지식이나 이론만으로 이루어질 수 있는 것이 아니고, 수많은 인간관계 속에서 얻는 실질적인 '경험'만이 성공적인 외교를 담보할 수 있다는 거야. 꼭 순서대로 읽지 않아도 되는 책이니, 수현이 곁에 두고서 수시로 궁금한 것을 찾아 읽어 보기 바랄게.

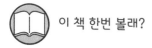

『청춘, 국제기구에 거침없이 도전하라』

김효은 / 엘컴퍼니

제목에서부터 도전 의식을 갖게 하는 『청춘, 국제기구에 거침없이 도전하라』는 아시아태평양경제협력체(APEC), 경제협력개발기구(OECD), 국제연합(UN), 세계무역기구(WTO), 국제연합교육과학문화기구(UNESCO) 등의 다양한 국제기구를 소개하고, 이곳에서 일한다는 것이 어떤 의미와 가치를 지니는지 독자들에게 친절하게 알려 주고 있어. 이 책을 읽으면 국제 무대에서 일하는 것이 겉으로는 폼 나고 멋있어 보일는지 몰라도, 그 이면에 자리한 책임감은 이루 말할 수 없을 정도로 막중하다는 것을 알게 될 거야.

책 속에는 국제기구에 진출하기 위해 갖추어야 할 자질, 구체적인 지원 방법 등 실질적인 정보가 가득해. 저자에 따르면, 국제기구에 진출하는 데 특별히 유리한 전공은 따로 없다고 해. 국제기구의 성격에 따라 경제, 교육, 환경, 보건 등 다양한 분야가 존재하므로, 결국 자신의 관심 영역에서 전문가로 성장하면 된다는 거야. 영어나 제2외국어를 잘해야 하지만, 반드시 해외 유학을 해야 하는 것도 아니라고 해. 이 점은 '토종 한국인' 수현이에게 희소식이지? 이 책을 읽으며, 세계 인류를 위해 헌신하는 국제공무원의 꿈에 날개를 달게 되길 바랄게.

'외교관'을 꿈꾸는
친구들에게

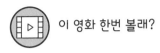 이 영화 한번 볼래?

〈집으로 가는 길〉

방은진 감독 / 2013년

〈집으로 가는 길〉은 해외에서 마약 밀수범으로 오해받아 강제로 수감됐다가 우여곡절 끝에 풀려난 한 가정주부의 실화를 모티프로 삼은 영화야. 2004년 10월 30일, 프랑스 오를리 공항에서 대한민국의 평범한 주부 송정연이 마약 운반범으로 몰려 체포되는데, 결국 대서양의 외딴섬에 위치한 '마르티니크 감옥'에 수감되고 말아. 송 씨는 낯선 타국의 교도소에서 재판도 없이 2년이라는 긴 시간을 악몽처럼 보내야만 했어.

타국에서 억울하게 장시간 억류된 송 씨에게 도움을 주었어야 하는 사람이 바로 '외교관'이야. 이 영화에는 외교부 직원과 프랑스 주재 한국 대사관에 근무하는 대사 등 여러 명의 외교관이 등장해. 그런데 이들이 외교관으로서의 책임을 소홀히 한 탓으로, 송 씨는 말도 못할 고초를 겪게 돼. 말도 통하지 않는 이국땅에 억울하게 수감됐던 평범한 이 여인은 무려 2년이 지나서야 한국으로 돌아오게 되지만, 그것도 외교관의 노력 덕분은 아니었어. 외교관의 책임 있는 자세가 무엇인지, 외교관이 한 국가를 대표한다는 것은 무슨 의미인지, 그리고 무능한 외교관은 국민에게 어떤 고통을 주게 되는지 절실히 깨닫게 되는 영화란다.

국제공무원, 국제 교류 전문가

이런 책은 어때?

☞ 난이도
★ 하
★★★ 중
★★★★★ 상

● 외교관과 국제기구 종사자의 구체적인 직업 세계가 궁금한 이들에게
고정민 외 7인의 『외교관 국제기구 종사자』(꿈결) ★★★

● 국제 무대에서 펼쳐지는 외교 협상의 생생한 현장을 엿보고 싶은 이들에게
유복렬의 『돌아온 외규장각 의궤와 외교관 이야기』(눌와) ★★★★
칸 로스의 『독립 외교관』(에이지21) ★★★★

● 전쟁의 혹독한 대가와 외교의 역할에 대해 생각해 보고 싶은 이들에게
정의길의 『뜨거운 지구촌』(비룡소) ★★
김영미의 『세계는 왜 싸우는가?』(추수밭) ★★★

● 세계 이슈를 역사적 맥락 속에서 파악하고 싶은 이들에게
김준형의 『미국이 세계 최강이 아니라면?』(뜨인돌) ★★★
구정은 외 2인의 『10년 후 세계사』(추수밭) ★★★

● 국제 정세를 읽는 눈과 정치적 감각을 키우고 싶은 이들에게
윤영관의 『외교의 시대』(미지북스) ★★★★
김정섭의 『외교 상상력』(MID) ★★★★★
헨리 앨프리드 키신저의 『헨리 키신저의 세계 질서』(민음사) ★★★★★

● 국제 관계를 규율하는 국제법에 대해 알아 두고 싶은 이들에게
정인섭의 『생활 속의 국제법 읽기』(일조각) ★★★★
홍중기의 『국제법을 알아야 논쟁할 수 있는 것들』(한울) ★★★★★

● 국제기구의 이면에 대해 비판적으로 성찰하고 싶은 이들에게
김지훈의 『무엇이 유엔을 움직이는가』(넥서스BOOKS) ★★★★★

스왓(SWOT) 분석

선생님이 네가 꿈꾸는 너의 미래를 일목요연하게 정리해 봤어.
선생님이 해 준 이야기를 참고해서 너에게 꼭 맞는
자신만의 꿈을 설계해 보렴.

- 한 국가를 대표한다는 높은
  자부심을 가질 수 있음.
- 직업의 희소성이 높아,
  현실적으로 고용 안정성을
  보장받을 수 있음.

- 외교관 자리가 희소하기 때문에
  선발의 문턱이 높음.
- 잦은 해외 발령으로 인해
  주거의 안정성이 떨어질
  우려가 있음.

S Strength 강점
W Weakness 약점
기회 **O** Opportunity
위협 **T** Threat

- 국제 관계가 점점
  긴밀해짐에 따라, 중재하고
  조정해야 할 국가 간 사안이
  늘어나면서 우수한 역량을 갖춘
  외교 인재의 수요가 증대함.

- 국제분쟁(혹은 테러)의
  발생 빈도 증가.
- 분쟁을 해결하기 위해
  지지부진한 외교적 노력보다
  즉각적인 무력을 행사하는
  경우가 존재함.

국제공무원, 국제 교류 전문가

공권력의 최전선에서
국가와 시민의 수호자로
나서다

: '군인', '경찰' 등을 꿈꾸는 친구들에게

▶▶ 핵심 도서

『군사개입, 과연 최선인가?』 케이 스티어만 / 내인생의책
『손자병법 교양 강의』 마쥔 / 돌베개
『사이버 보안 어벤져스는 없다』 피터 W. 싱어 · 알란 A. 프리
드만 / 이한디지털리

선생님, 안녕하세요? 보연이에요. 저의 장래 희망은 군인이나 경찰이 되는 것이에요. 저는 제복을 갖추어 입은 군인이나 경찰의 모습이 너무도 멋져 보인답니다. 직업의 특성상 위험이 따르거나 힘든 일도 많겠지만, 국가를 지키고 국민을 보호한다는 자부심은 어떤 직업보다 클 것 같아요.

저는 우리 학급에서 일어나는 사소한 갈등을 반장으로서 잘 중재하고, 학생회에서 주관하는 다양한 학교 행사에도 적극적으로 참여하는 등 책임감이나 봉사 정신이 다른 사람들보다 뛰어나다고 생각해요. 군인이나 경찰은 국민의 생명과 재산을 지키는 일을 하기 때문에 투철한 사명감과 책임감, 봉사 정신을 필요로 하는 직업이라고 들었어요.

이런 인성적인 측면 이외에 제가 군인, 경찰이 되기 전에 알아 두면 좋은 지식이나 미리 읽어 두면 좋은 책을 알려 주시면 고맙겠습니다.

공쌤의 편지

인성 못지않게 중요한 '강인한 체력'과 '정신력'

경찰이나 군인은 영화에서 늘 단골로 등장하는 캐릭터야. 범죄를 수사하고 범인을 잡는 과정이나 전쟁이라는 소재 자체에 극적으로 연출할 수 있는 요소가 많기 때문이지. 최근에는 〈태양의 후예〉라는 드라마에서 군인으로 등장한 남자 주인공이 큰 인기를 끌었고, 군 생활을 소재로 한 예능 프로그램의 한 코너가 오랫동안 시청자의 사랑을 받으면서 군인이라는 직업이 사람들에게 훨씬 더 친숙해진 느낌이야. 그러다 보니 군인이나 경찰이 되고 싶은 아이들이 요즘 부쩍 많아진 것 같아.

그런데 대중매체에 비친 군인과 경찰의 모습 뒤에는 남모를 고충과 책임감이 있다는 것 혹시 알고 있니? 또한 밤낮없이 일해야

'군인', '경찰' 등을 꿈꾸는
친구들에게

하는 등 근무 환경도 여느 직장인에 비해 가혹한 편이야. 이 때문에 경찰과 군인은 봉사 정신과 헌신만으로 할 수 있는 직업이 아니야. 위험에 노출되는 상황을 감내해야 하고, 열악한 근무 환경에서 스트레스를 견딜 수 있는 강인한 체력도 갖춰야 하며, 갈수록 세분화되고 있는 업무에 대비해 끊임없는 자기계발이 뒤따라야 하지.

특히 경찰 같은 경우에는 점점 업무 영역이 다양화되고 전문화되고 있어. 사회가 복잡해지고 범죄의 종류가 다양해지면서 경찰의 업무에도 변화가 생긴 것이지. 보연이가 잘 알다시피 전통적으로 경찰의 주된 업무는 범인을 뒤쫓는 것이었잖아. 하지만 최근에는 민원 처리, 교통질서 유지, 외국인 관련 범죄 처리, 해양 사고 처리, 테러 예방 및 대응, 과학수사, 학교 폭력 예방 등으로 업무가 갈수록 늘어나는 추세란다. 게다가 컴퓨터와 인터넷 사용이 대중화되면서 최근 사이버상의 범죄가 가파르게 증가하고 있는데, 이에 발빠르게 대응하기에도 일손이 부족하다고 해.

이처럼 경찰의 업무는 시간이 지날수록 그 영역이 넓어지는 추세라 앞으로도 어려움이 예상된단다. 비단 이런 일이 경찰에만 국한되는 것은 아니야. 군인의 경우에도 최근에 국가 간 분쟁이 늘어나면서 전쟁의 유형이 다양화되고 있어서, 상황별로 대처하고 대응하기가 쉽지 않은 편이거든. 따라서 장차 군인이 되기를 꿈꾸고 있다면, 국제분쟁의 본질, 평화적 해결 방법, 폭력의 정당성 등에 대해 한 번쯤은 생각해 보면 좋을 거야.

경호원, 특수 요원, 보안 전문가

'평화'를 위해 '총'을 드는 군사개입의 두 얼굴

'전쟁'이라고 하면 제1·2차세계대전처럼 많은 국가가 관여하여 막대한 인명 피해를 초래한 극단적인 경우를 떠올리기 쉽지만, 다른 형태의 전쟁이나 무력 충돌도 얼마든지 있단다. 예를 들어 '국경 분쟁'과 같이 상대적으로 작은 규모의 국지적인 전쟁도 있고, 요즘 한창 논란이 되고 있는 '군사개입' 역시 국가 대 국가의 전쟁이 아니라는 점에서 특이한 유형의 무력행사라고 할 수 있어. '군사개입'은 한 국가가 다른 국가에 무장 병력을 보내, 자기 나라의 의사에 따르도록 개입하는 일을 뜻하는 말이야. 보통 국가 간에 분쟁이 발생하거나 한 나라 안에서 내전이나 혁명 등이 일어나 정치적 불안이 초래되었을 때, 제3자인 다른 나라가 군사력을 동원해 개입하는 형태로 이루어지지. 제3국은 무장 병력을 파견해 인명을 구하고, 치안을 회복시키고, 평화를 정착시키는 등의 활동을 한단다.

케이 스티어만의 『군사개입, 과연 최선인가?』에서는 군사개입의 다양한 측면을 다루며 국제 관계의 평화는 어떻게 실현될 수 있을지 논하고 있어. 원래 자국에서 벌어진 일은 '내정 불간섭 원칙'에 의하여 다른 나라가 참견하지 않는 것이 국제 관계의 기본이야. 하지만 최근에는 평화 유지, 학살 예방 등의 인도주의적 목적에 의해 군사개입이 이루어지는 경우가 많아서, 군사개입은 종종 '경찰 업무'나 '인도적 개입' 혹은 '평화 유지 작전' 등으로 미화되어 표현되는 일이 많아. 하지만 이것은 어디까지나 군사개입의 명분일

'군인', '경찰' 등을 꿈꾸는
친구들에게

뿐이야. 인도주의적인 정당성이 있다 하더라도 '내정 불간섭 원칙'에 반한다는 군사개입의 본질 자체가 사라지는 것은 아니거든.

최근 아프리카 대륙에서 내전의 양상을 띤 분쟁이 자주 발생하여 군사개입이 빈번하게 이루어지고 있어. 또 9·11 테러 이후 미국 정부가 테러와의 전쟁을 선포하고 아프가니스탄과 이라크에서 군사 작전을 펼쳤는데, 이것도 '군사개입'의 한 양상이라고 볼 수 있지. 보연이는 군사개입에 대해 어떻게 생각하니? 정치적으로 불안정한 지역에서 인명을 구하고 평화를 정착시키는 데 꼭 필요한 활동일까, 아니면 다른 나라의 권리를 침해하는 무리한 개입일까? 가까운 예를 살펴볼게. 1994년 아프리카 르완다에서 인구의 다수를 차지하는 후투족이 부대를 창설하여 소수민족인 투치족을 집단적으로 학살하는 사태가 벌어졌는데, 피해자의 규모와 범위가 엄청났어. 파병 군인의 안전을 우선시한 국제연합(UN)에서는 이 사태의 개입을 거부했고, 결국 석 달 만에 100만 명 가까운 사람들이 죽게 되는 참사로 번지고 말았지. 그 이후 국제 사회에서는 국제연합의 외면으로 이토록 많은 희생자가 발생했다는 비판이 이어졌고, 국제연합은 학살을 막지 못한 과오를 반성했단다. 이런 사태를 보면 자국의 일은 그 나라가 알아서 해결해야 한다는 생각도 능사는 아닌 것 같아.

그럼에도 불구하고 여전히 '군사개입'의 정당성에 대해서는 논란이 끊이지 않고 있어. 왜냐고? 군사개입이 모두 성공하는 것도

경호원, 특수 요원, 보안 전문가

국제연합 평화유지군

아니고, 아무리 주도면밀하게 계획해 작전을 수행한다 하더라도, 뜻하지 않게 많은 사람이 죽고 공동체가 파괴되는 예가 허다하기 때문이야. 첨단 무기의 사용은 불가피하게 민간인에게 피해를 줄 수밖에 없어. 또 병원과 도로, 전기 시설 등의 파괴는 사람들을 장기간 고통스러운 상황에 내몰지. 그뿐만 아니라 평화유지군이 오랜 기간 머무는 지역에서는 군인들의 소비 활동이 해당 지역의 물가를 폭등시키는 부작용을 낳기도 하는데, 이때 경제적 기반이 취약한 지역의 경우에는 국가 전체가 휘청하기도 해. 물가 불안은 또 다른 분열과 긴장을 가져오게 하는 원인이 되기도 하고 말이야.

따라서 '군사개입'의 정당성이 확보되려면 여러 상황을 면밀히 따져 봐야만 해. 가령 군사개입이 불가피할 정도로 해당 지역의 분쟁이 심각하고 급박한 상황인지, 경제 제재 등의 외교적 압박만으로도 충분히 대응이 가능하지는 않은지 등을 먼저 생각해 볼 필요가 있단다. 비군사적 대응을 최우선적으로 고려했음에도 불구하고 군사개입을 단행할 수밖에 없는 불가피한 상황이라면, 그 득과 실을 신중히 판단하고 부작용이 최소화될 수 있도록 노력해야겠지. 이 책을 읽으며 세계의 평화를 유지하기 위한 국제 사회의 노력과 그 한계는 무엇인지, 진정한 평화를 위해 기여할 수 있는 게 무엇인지 보연이도 진지하게 고민해 봤으면 좋겠어.

수천 년 전의 병서(兵書)에 담긴 지혜와 통찰

자, 그렇다면 옛사람들은 군사개입에 대해서 어떻게 생각했을까? 전쟁을 대하는 태도는 어땠을까? 이 물음을 해결하기 위해 『손자병법』이라는 아주 오래된 병서를 읽어 보는 것이 어떨까 싶어. 『손자병법』은 춘추전국시대에 '손무'라는 사람이 저술한 일종의 전쟁 매뉴얼이라고 할 수 있어. 원전에 해석만 덧붙여진 형식의 책은 보연이에게 부담이 될 테니, 『손자병법』을 사례 위주로 알기 쉽게 설명하고 있는 『손자병법 교양 강의』를 먼저 살펴보렴. 그런데 이런 구식 매뉴얼을 왜 읽어야 하냐고?

군대가 주둔한 지역은 물가가 오르고 물가가 오르면 백성의 물자 부족 현상이 일어난다. 물자가 부족해지면 국고가 고갈되고

경호원, 특수 요원, 보안 전문가

국고가 고갈되면 부역이 급격하게 늘어난다. 군사력이 소모되고 국고가 고갈되면 나라 안의 집집마다 궁핍을 면치 못하게 된다.

― 마쥔, 『손자병법 교양 강의』에서

전쟁에 나선 군대가 주둔하는 지역에서는 식량 가격이 부쩍 오르고 국가가 빈곤에 빠지게 되며 백성마저도 가산을 탕진하게 된다는 이 대목은, 이미 앞서 언급했던 '군사개입'의 부작용과 정확하게 일치하지? 평화유지군이 주둔한 지역에서는 물가 불안 현상이 일어날 수 있다고 했잖아. 수천 년 전에 저술된 책이 현대 전쟁의 양상을 마치 예견이라도 한 것같이 정확히 지적하고 있구나.

『손자병법』은 전술에 대한 직접적인 지식을 제공한다는 점에서 군인들에게 필독서로 꼽히고 있어. 이 책의 내용은 오랜 기간 동안 전쟁 상황에서 유용하게 적용되어 온 만큼, 전술에 관한 놀라운 통찰력을 보여 주고 있지. 하지만 이보다 더 가치 있는 것은, 세상살이 어디에나 적용되는 삶의 은유로서도 훌륭한 내용을 지녔기 때문이 아닐까 싶어. 가령 '지피지기 백전불태(知彼知己 百戰不殆)'라는 『손자병법』의 유명한 구절을 예로 들어 볼게. 이는 적을 알고 나를 알면 전쟁에서 절대로 패배하지 않는다는 뜻이야. 전시 상황에서 정보에 대한 중요성을 일컫는 말인데, 꼭 전쟁 상황에 국한된 의미만을 갖는 것은 아니지. 우리가 일상생활이나 사회생활을 할 때, 상대방을 잘 파악하고 있어야 원활한 인간관계를 유지하면서 삶을 긍

'군인', '경찰' 등을 꿈꾸는
친구들에게

정적인 방향으로 이끌 수 있다는 비유이기도 하거든.

『손자병법』에는 세부 전술이 참 많이 담겨 있지만, 핵심 내용을 간추려서 요약하면 다음에 제시하는 네 가지로 압축할 수 있어. 첫째, 전쟁을 수행하기 전에 정보는 필수야. 이때 말하는 정보는 적군은 물론, 아군의 상황까지 아우르는 것이겠지? 둘째, 전쟁에서는 기선을 제압함으로써 주도권을 잡아야 해. 기선을 제압한다는 것은 무력뿐만 아니라 지혜도 상대보다 뛰어나야 한다는 것을 의미한단다. 셋째, 전쟁의 흐름과 그 양상을 통찰하는 유능한 리더가 필요해. 때를 기다릴 줄 아는 능력, 그리고 기회를 포착하면 망설임 없이 몰아붙이는 능력이야말로 전쟁 상황에서 승리를 부르는 리더십이겠지. 넷째, 전쟁에 개입하기 전에 신중을 거듭해야 해. 전쟁은 한 국가의 존망을 좌우할 수도 있는 중요한 일이기 때문에 깊고 넓게 생각해야 함은 물론, 전쟁의 이해득실도 냉철하게 따져 봐야 하지.

아무쪼록 보연이에게 이 책이, 나중에 군인이 되어서 맞닥뜨릴지도 모를 전쟁이나 분쟁 상황은 물론, 너의 삶 속에서 만나는 다양한 어려움을 극복하는 지혜와 통찰을 기르는 데 큰 도움이 되었으면 좋겠구나.

이제는 사이버 공간을 지켜야 할 때

보연이가 군인이 되건, 경찰이 되건 앞으로 다가올 시대의 변화에 대비해 이것 하나는 알아 둘 필요가 있어. 미래 사회의 안보나

경호원, 특수 요원, 보안 전문가

치안을 위협하는 문제는 현실이 아니라 가상공간이 중심이 되어 일어날 가능성이 높아졌다는 점이야. 즉 이제는 사이버 전쟁, 사이버 테러, 사이버 범죄에 대비할 때라고 단언할 수 있어.

신문이나 뉴스에서 국제 해커 그룹 '어나니머스'에 대해 들어 본 적 있지? 점조직의 형태여서 구체적인 실체가 드러난 적은 없는데, 이 단체는 지금껏 자신들의 뜻에 반하는 사회나 국가 등 특정 대상에 해킹 공격을 가해 왔어. 이들 해커는 '디도스(DDoS)' 공격으로 몇몇 나라 정부의 주요 홈페이지를 마비시켰는데, 해킹 방법의 일종인 '디도스'라는 용어는 보연이도 심심찮게 들어 봤을 거야. 이런 상황의 변화를 뼈저리게 느낀 세계 각국은 미래 전쟁의 양상이 사이버 공간으로 확장될 것이라 확신하고, 대응책을 마련하는 데 부심하고 있단다. 실제로 우리는 가상공간에서 일어나는 폭력, 해킹 등이 정치·사회·경제 전반에 걸쳐 막대한 영향을 끼치고 있는 시대에 살고 있어. 『사이버 보안 어벤져스는 없다』는 사이버 공간과 사이버 보안에 관한 중요한 이슈를 다루고 있는 책이야. 비록 제목은 가벼워 보이지만, 다가올 미래 사회에 대한 경고를 던지고 있다는 점에서 다루고 있는 내용은 결코 가볍지 않지.

미래의 전쟁은 총을 든 병사나 공중 폭격만이 전부가 아닐 것이다. 지구 반대편에서 마우스를 클릭만 하면 정교하게 무기화된 컴퓨터 프로그램들이 공공, 교통, 통신, 에너지 시설을 교란하거

나 파괴할 것이다. 이런 공격들에 의해 병력의 이동, 전투기의 경로, 전함의 지휘를 통제하는 군사 네트워크마저도 무력화될 수 있다.

— 피터 W. 싱어·알란 A. 프리드만, 『사이버 보안 어벤져스는 없다』에서

우려스러운 것은 이러한 사이버 공격을 막아 낼 절대적 방법이 아직 존재하지 않는다는 점이야. 게다가 사이버 공격의 현장인 가상공간은 국경 자체가 없고 눈에 보이는 영토도 없기 때문에, 그곳에서 일어나는 모든 행위를 일일이 규제할 수 없기도 해. 사정이 이렇기 때문에 현재 사이버 보안에 대한 중요성은 인식하면서도 마땅히 대응하기가 쉽지 않은 실정이란다. 그래서 요즘은 '사이버 복원력'이라는 개념이 중요하다고 해. 피해를 입더라도 얼마나 신속

경호원, 특수 요원, 보안 전문가

하게, 그리고 얼마나 완벽하게 원래의 상태로 복원시킬 수 있느냐가 중요하다는 의미지. 인체에 비유하자면 몸에 병이 드는 것은 어쩔 수 없다 치더라도, 병으로 고통받는 시간을 단기간에 끝낼 수 있도록 얼마나 신속하게 치료하여 정상적인 몸 상태로 복원시키느냐가 관건이라는 말이겠지. 예방책이 완벽하지 못하다면 치료 시스템만이라도 완벽하게 구축해 놓아야 한다는 거야.

또한 이런 사이버 공격과 복원에 투입될 보안 전문가를 국가적 차원에서 양성하는 것도 시급한 문제가 아닐까 싶어. 이 책이 보연이가 사이버 전쟁이나 사이버 범죄에 대한 경각심을 갖는 계기가 되었으면 좋겠어. 사이버 보안이라는 새로운 이슈에 남들보다 먼저 관심을 가진 보연이가 훗날 국가 안보와 치안을 앞장서 책임지는 '진정한 능력자'가 되길 바랄게.

'군인', '경찰' 등을 꿈꾸는
친구들에게

 이 책 한번 볼래?

『전쟁과 평화, 두 얼굴의 역사』

실비 보시에 / 푸른숲주니어

'전쟁'과 '평화'는 얼핏 생각할 때 서로 양립할 수 없는 적대적 개념이지만 때로는 이 둘이 서로 구별이 안 될 정도로 비슷한 성질을 띨 때도 있어. 그러니까 '전쟁은 나쁜 것이고 평화는 좋은 것'이라는 이분법이 항상 옳은 것은 아니야. 이는 곧 나쁜 평화도 있고, 좋은 전쟁도 있을 수 있다는 말이야. 가령 겉으로는 평화로운 듯하지만 전쟁에 대한 준비 태세가 도사리고 있다면 '좋은 평화'라고 볼 수는 없을 거야. 식민지의 독립 전쟁이나 다른 나라의 침략에 맞서는 전쟁은 진정한 평화를 추구하는 정의로운 전쟁이라는 점에서 '좋은 전쟁'이라 할 만하고. '전쟁'과 '평화'라는 추상적 개념을 역사적 사례들을 들어 설명하고 있는 이 책은 참다운 평화의 의미를 깨닫게 하고, 평화를 이루는 데 무엇이 필요한지 입체적으로 접근하고 있어. 전쟁에 대한 틀에 박힌 공식을 거부하고, 전쟁의 원인을 복합적으로 사고할 수 있게 이끌어 준다는 점에서 꼭 읽어 보라고 권하고 싶구나.

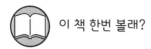

『어느 경찰관의 사람 공부』

이배동 / 정신세계사

경찰은 냉철함과 따뜻함을 동시에 지닌 사람이어야 한다고 해. 범인을 뒤쫓을 때와 민원인을 대할 때의 자세가 극단적으로 다르기 때문에 그런 말이 나왔겠지? 경찰은 그만큼 다양한 사람들과 만나고 각양각색의 사건을 겪는 직업이라고 할 수 있어. 『어느 경찰관의 사람 공부』는 경찰의 삶을 오롯이 느끼게 하는 '사람'과 '사건'에 대한 에피소드로 가득해. 이 에피소드들은 보연이가 나중에 경찰이 된다면 겪어야 하는 일이기도 하겠지.

이 책의 저자는 16년차 베테랑 경찰관으로, 자신의 경험담을 그 어떤 영화보다도 감동적이고 그 어떤 다큐멘터리보다도 사실적으로 풀어내고 있어. 그는 화가 난 민원인이 죽이겠다고 달려들면 그 정도로 분이 풀리겠냐고 선수를 치고, 자살하겠다는 한 시민의 전화 통화를 받고 끈질긴 설득으로 마음을 돌려놓은 '열혈' 경찰이야. 어리바리 초보 경찰관이었던 저자가 인간미 폴폴 풍기는 노련한 경찰관으로 변해 가는 과정을 따라가며 읽으면 더욱 배울 게 많아지는 책이란다. '죄는 미워하되 사람은 미워하지 말라'는 말뜻을 뼛속 깊이 깨달았다는 저자의 이야기에 귀 기울여 보렴. 경찰로서의 사명감과 바른 자세를 제대로 배울 수 있을 거야.

'군인', '경찰' 등을 꿈꾸는
친구들에게

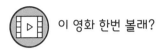 이 영화 한번 볼래?

〈7월 4일생〉

올리버 스톤 감독 / 1989년

〈7월 4일생〉은 오로지 조국에 대한 애국심 하나만으로 베트남전쟁에 참전해 싸운 청년, '론'에 관한 이야기야. 7월 4일 미국 독립 기념일에 태어난 열혈 청년 론은 고등학교를 졸업하고 해병대에 지원했어. 남다른 각오로 베트남전에 뛰어든 그는 실수로 민간인을 살상하게 되고, 친구를 죽음에 내몰기도 하지. 설상가상으로 자신도 부상을 입어 평생 휠체어 신세를 져야 하는 상이용사가 되어 돌아오게 돼. 가슴 아픈 상처를 겪었지만 그래도 그의 애국심과 군인으로서의 자부심은 변하지 않지.

그런데 장애인이 된 자신을 바라보는 사람들의 시선이 비뚤어져 있음을 느낀 순간, 그리고 그가 목숨 걸고 싸웠던 베트남전을 두고 반전시위가 열리는 현장을 목격하는 순간, 그는 극심한 정신적 혼란을 겪게 돼. 론의 머릿속에는 '나는 누구를 위해 목숨 걸고 싸웠을까?'라는 질문이 떠나지 않고, 그는 전장보다 더한 참담한 상황을 겪게 돼. 내가 사랑한 조국이 나를 사랑하지 않는다고 느낄 때, 나는 어떻게 해야 할까? 애국심, 의무감, 책임감만으로 한 치의 망설임 없이 전쟁터로 나갈 수 있을까? 전쟁은 판타지가 아니라 처절한 현실임을 절실히 깨닫게 해 주는 영화란다.

경호원, 특수 요원, 보안 전문가

이런 책은 어때?

☞ 난이도
★ 하
★★★ 중
★★★★★ 상

● 경찰이라는 직업을 간접적으로 체험하고 싶은 이들에게
　박화진의 『마음이 따뜻한 경찰이 되고 싶다』(지식공감) ★
　김석돈의 『경찰관으로 성공하는 길』(백산출판사) ★★
　나상미의 『나는 대한민국 국가 공무원이다』(함께북스) ★★

● 범죄를 세밀하게 분석하며, 범죄학 및 법의학적인 시사점을 얻고 싶은 이들에게
　표창원의 『프로파일러 표창원의 사건 추적』(지식의숲) ★★★
　문국진의 『법의학으로 보는 한국의 범죄 사건』(알마) ★★★

● 경찰의 수사 기법을 비판적으로 성찰하고 싶은 이들에게
　리처드 A. 레오의 『허위 자백과 오판』(후마니타스) ★★★★★

● 군인의 임무를 구체적으로 파악하고 싶은 이들에게
　이남훈 · 강수정의 『On the Air 하늘 여행』(전나무숲) ★
　청소년행복연구실의 『나의 직업 : 군인(육군)』(동천출판) ★★
　청소년행복연구실의 『나의 직업 : 공군』(동천출판) ★★

● 세계사의 주역이었던 군인이라는 존재의 의미에 대해 성찰하고 싶은 이들에게
　볼프 슈나이더의 『군인』(열린책들) ★★★★★

● 공권력을 수행하는 경찰, 군인의 직업 세계에서 간과하기 쉬운 인권의 가치를
　살펴보고 싶은 이들에게
　이희수 외 4인의 『다수를 위한 소수의 희생은 정당한가?』(철수와영희) ★★★
　조효제의 『조효제 교수의 인권 오디세이』(교양인) ★★★★

스왓(SWOT) 분석

선생님이 네가 꿈꾸는 너의 미래를 일목요연하게 정리해 봤어.
선생님이 해 준 이야기를 참고해서 너에게 꼭 맞는
자신만의 꿈을 설계해 보렴.

- 국민들에게 직업적 권위를 인정받고 있음.
- 경제적 보상이 충분하지는 않지만 국가 공무원으로서 직업의 안정성을 보장받음.

- 투철한 애국심과 사명감, 봉사 정신을 필수로 함.
- 직업 환경이 열악하고, 잦은 발령으로 인해 주거 안정성이 떨어짐.

S Strength 강점

W Weakness 약점

기회 Opportunity **O**

위협 Threat **T**

- 경찰의 업무 영역이 점점 넓어지고 군인은 해외 참전의 기회가 많아짐.
- 사이버 전쟁·테러 증가에 따른 사이버 보안에 대한 중요성이 증대됨.

- 국제 테러 단체의 증가와 위협.
- 첨단 무기, 방범 장비 등의 발달로 인력 감축의 위험성이 있음.

경호원, 특수 요원, 보안 전문가

온몸으로 허문 장벽,
나는 한계를 뛰어넘는 사람

: 용기와 도전의 가치는 무엇일까?

미지의 언어에
도전하는 즐거움

: '통·번역가'를 꿈꾸는 친구들에게

▶▶ 핵심 도서

『구술 문화와 문자 문화』 월터 J. 옹 / 문예출판사

『일반 언어학 강의』 페르디낭 드 소쉬르 / 민음사

『지식을 위한 철학 통조림 : 담백한 맛』 김용규 / 주니어김영사

선생님, 안녕하세요? 승연이에요. 저는 외국어에 흥미가 많아서
작년에 외고에 진학했고, 장래 희망도 적성을 살려서
'통역가'가 되려고 합니다. '번역'도 흥미로워 보이기는 한데,
여러 사람과 함께 어울리기를 좋아하는 저에게는 아무래도
통역가가 적성에 더 맞아 보아요.

그리고 저는 언어학자에도 관심이 많아요. 부모님은 영어
교사를 하면 어떻겠냐고 하시는데, 평생 직업으로 삼기에는 2%
부족하더라고요. 물론 저 역시 교사가 매력 있는 직업이라고
생각하지만, 언어를 남에게 가르치기보다 언어 자체에 대해 더
깊이 연구하는 일이 훨씬 재미있을 것 같거든요. 제가 나중에
어떤 일을 하게 되든지 언어에 대한 인문학적 지식을
지금부터라도 조금씩 알아 두는 것이 많은 도움이 되겠죠?

공쌤의 편지

언어, 인간을 인간답게 만들어 주는 도구

승연이가 영어를 잘하는 건 알았지만 '언어' 전반에 이렇게 관심이 많은 줄은 선생님이 미처 몰랐네. 승연이도 알다시피 인간은 한순간도 말과 글 없이 살 수 없어. 그래서 '인간은 언어적 동물(호모로퀜스)'이라는 정의가 생겨난 것이겠지. 통·번역을 하거나 언어를 깊이 연구하고, 외국어를 남들에게 가르치는 것은 모두 인간만이 할 수 있는 능력이란다. 바꿔 말한다면 승연이가 관심을 가지고 있는 언어 관련 직업들은, 어쩌면 인간을 인간답게 만드는 일이라고 할 수 있지.

언어는 곧 인간이 동물과 다르다는 것을 구별해 내는 중요한 증거란다. 물론 동물의 세계에도 그들의 감정과 의사를 나타내는

'통·번역가'를 꿈꾸는
친구들에게

의사소통 방법이 없는 것은 아니야. 서로의 짝을 찾기 위해 아름답게 지저귀는 새, 공포·절망·슬픔·즐거움 등 여러 감정을 몸짓으로 표현하는 침팬지, '춤 언어'로 꿀의 위치와 길을 알려 주는 벌 등 동물들 또한 특유의 의사소통 체계를 가지고 있거든. 하지만 이들 동물의 언어는 인간이 쓰는 언어와는 큰 차이를 보인단다. 가장 기본적으로, 동물의 언어에는 대상을 지시하고 개념화해 나가는 추상적 사고의 과정이 없거든. 따라서 진정한 언어는 인간의 정신 활동과 떼려야 뗄 수 없는 의사소통 체계라고 할 수 있지.

언어 자체가 인문학의 대상이기도 하지만 언어를 사용하는 주체가 '인간'이기에, 언어를 직업으로 삼고자 한다면 말과 글을 둘러싼 다양한 인문학적 교양은 필수가 아닐까 싶어. 선생님이 승연이에게 도움이 될 만한 몇 가지 책을 추려 보았어.

언어학자, 외국어 강사

'말'이냐, '글'이냐? 이것이 문제로다

인간의 언어생활은 '말'과 '글'로 이루어져 있어. 이 가운데 '통역가'는 '말'을 대상으로 일을 하고, '번역가'는 '글'을 대상으로 일을 하지. 예를 들어 국제회의나 외교 현장에서 오가는 각국의 '말'을 의사소통이 가능하도록 바꾸는 이들을 '통역가'라 불러. 그리고 외국어로 쓰인 글을 우리말로 바꾸거나 외화(外畵)에 우리말 자막을 넣는 일을 하는 이들을 '번역가'라 하지. 이렇듯 통역과 번역의 개념은 의사소통의 주요 기능이 구술성에 의존하느냐, 문자성에 의존하느냐에 따라 차이가 난다고 할 수 있어.

그렇다면 의사소통의 구술성과 문자성을 이해하는 것이 승연이가 통·번역이라는 작업을 제대로 이해하는 데 도움이 될 거야. 그런 점에서 먼저 미국의 영문학자 월터 J. 옹^{Walter J. Ong}의 『구술 문화와 문자 문화』라는 책을 소개할까 해. 승연이는 말과 글 중에 어떤 것이 인류 문화사에 공헌한 정도가 크다고 생각하니? 우리는 흔히 말보다 글이 더 큰 공헌을 한다고 생각해. 하지만 인류의 역사를 통틀어 따져 보았을 때 '의사소통의 역사는 구술 문화의 역사'나 다름없어. 문자 문화가 발달한 때는 기껏해야 활자가 발명된 이후로, 음성 언어인 말에 의해 이루어진 구술 문화가 인류사의 대부분을 차지하지. 그래서 인류를 이해하는 데는 문자 문화보다 오히려 구술 문화가 더 중요한 단서를 제공할 때가 많아. 그렇다고 구술 문화가 인류사의 전부라고 할 수는 없어. 인간이 기억의 한계에서 벗어나 각자의 사고를 정확하고 안정적으로 표현·전달할 수 있도록 도와준 게 바로 문자거든. 이런 맥락에서 월터 J. 옹이 "쓰기는 의식을 재구조화한다."라는 유명한 말을 남겼단다. 쉽게 말해 '쓰기'라는 문자 행위는 '말하기'라는 구술 행위에 비해 두루뭉술한 머릿속 생각을 객관화하고 명확하게 체계화해 주는 기능이 더 있다는 의미지.

　　이렇듯 월터 J. 옹은 이 책에서 각각 말과 글로 이루어진, 인류의 구술 문화와 문자 문화를 서로 견주어 가며 흥미로운 주장을 하고 있어. 그의 주장 가운데 가장 인상적이었던 것은 문자 문화가 구술 문화와 함께 발달하면서 사람들에게 '개인화'가 일어났다는 내용이야. 언어의 문자화가 개인화를 촉진하고, 심지어 개인을 고독하게 만들었다는 거지. 쉽게 말해, 인간은 주로 혼자서 글을 읽거나 쓰게 되는데, 이 때문에 문자 언어는 고독의 언어가 되고 개인화가 강화되었다는 의미야. 반면에 구술 문화는 화자가 청자를 직접 바라보며 말하는 경우가 많고, 청자 역시 그 말에 집중하게 돼. 그러니 청자와 화자 간의 통합을 추구하는 과정에서 '집단화'가 강화될 수밖에 없지. 그의 말대로라면, 우리가 '카카오톡'이나 각종 SNS를 통해 '문자' 언어를 주고받는 행위는, 다른 사람과 활발한 교류를 하고 있다고 착각하게 만들 뿐이야. 사실 우리는 점점 더 개인화되면서 고독에 빠져들고 있지. 결국 그는 공동체를 형성하고 유대감을 갖게 하는 진정한 의사소통 방법은 사람들과 직접 얼굴을 맞대고 역동적인 대화를 나누는 것이라고 이야기하고 있어.

이 책에는 구술성과 문자성에 대한 다양한 내용들이 담겨 있어. 미지의 언어를 탐험하겠다고 작정한 승연이에게는 참 유용하고 유익한 지식이 되지 않을까 싶어.

언어학에 대한 이론, '소쉬르'보다 더 뛰어날 순 없다

'언어'를 장래 희망의 발판으로 삼고자 하는 승연이가 평생 익힐 지식의 뿌리로 삼아도 좋을 만큼 유익한 내용을 가진 책이 한 권 더 있어. 스위스의 언어학자 페르디낭 드 소쉬르_{Ferdinand de Saussure}의 『일반 언어학 강의』인데, 그가 직접 저술한 것은 아니고, 그의 제자들이 기록한 강의 노트를 동료 교수들이 재편집해서 펴낸 유고집이야.

소쉬르의 『일반 언어학 강의』는 제목만 보아도 언어를 대상으로 한 전문적인 연구가 담긴 책이라는 사실을 쉽게 짐작할 수 있어. 언어학은 소쉬르 이전과 이후로 나뉜다는 말이 있을 정도로 이 책의 가치는 독보적이지. 그런데 사실 『일반 언어학 강의』는 언어학적 연구, 그 이상의 가치를 지니고 있어. 그 내용은 철학, 심리학, 인류학, 기호학, 문학 이론, 심지어 정보 이론을 연구하는 사람들에게까지 지금도 끊임없이 재인용되고 있거든. 따라서 『일반 언어학 강의』는 20세기에 펼쳐진 인문학 거의 모든 분야에 걸쳐 결정적인 영향력을 끼친 명저로 손꼽히고 있어. 이 책의 내용 가운데 언어학의 중요한 개념으로 자리 잡은 몇 가지 핵심 용어를 소개해 줄게.

소쉬르에 따르면, 언어는 '랑그(langue)'와 '파롤(parole)'이라는 두 가지 구조를 지니고 있어. 음악에 비유하자면, 악보는 랑그이고, 실제의 연주는 파롤이라 할 수 있지. 다시 말해, 랑그는 언어능력이고 파롤은 실제의 음성 언어 행위, 즉 말을 하는 행위를 의미한단다. 랑그에 해당하는 악보는 (그 자체로는 어떤 소리도 나지 않고) 파롤, 즉 실제의 연주 행위로써만 구체적 음악으로 실현돼. 그렇다면 파롤은 시대와 장소, 그리고 사람에 따라서 무척 다양할 거야. 예를 들어 같은 악보를 가지고 피아노로 연주하는 것과, 바이올린으로 연주하는 것은 차이가 있겠고, 또 같은 피아노라도 연주하는 사람에 따라 다른 음악이 나오겠지. 이런 맥락에서 소쉬르는 '파롤은 언어학의 진정한 연구 영역이 될 수 없다'고 보았어. 왜냐하면 파롤은 너무 변화무쌍하여 다양한 모습을 가지고 있으니까 말이야. 그렇다면 무엇을 연구해야 할까? 변하지 않는 본질을 연구해야겠지? 그래서 소쉬르는 랑그를 언어학의 대상으로 삼았던 거야. 소쉬르 이전의 언어학자들이 누가 언제 어떻게 사용하느냐에 따라 매번 달라지는 파롤을 주로 연구했던 데 비해, 소쉬르는 인간의 내면에 내재하고 있는 언어의 본질, 즉 랑그를 연구했다는 점에서 혁명적이라는 평가를 받았어.

　　랑그와 파롤 말고도 소쉬르는 언어 구조에 관한 또 하나의 중요한 개념을 남겼어. 언어라는 기호가 '시니피앙(signifiant)'과 '시니피에(signifié)'로 이루어졌다는 생각이 그것이야. 시니피앙은 기표(記表), 시니피에는 기의(記意)로 번역되는데, 쉽게 말해 시니피앙은 언어

페르디낭 드 소쉬르와 『일반 언어학 강의』

의 소리를, 시니피에는 언어의 의미를 가리킨다고 이해하면 돼. 시니피앙과 시니피에는 동전의 앞면과 뒷면처럼 서로 분리할 수 없어. 예를 들어 '사과'라는 기호는 그것을 소리로 들을 때 우리의 머릿속에 형성되는 의미와 [사과]라는 소리의 결합으로 이루어지지. 그런데 '사과'는 한국어로 '사과(sa-kwa)'라고 발음하지만, 미국에서는 '애플(apple)'이라고 발음해. 이 두 단어의 시니피에(의미)는 같지만 시니피앙(소리)은 다를 수 있다는 거야. 하나의 언어 공동체는 약속된 시니피앙을 사용해야만 의사소통을 할 수 있겠지? 이것을 소쉬르가 (우리가 익히 들어 왔던 바) '언어적 자의성'이라고 이 책에서 말했던 거야.

'통·번역가'를 꿈꾸는
친구들에게

랑그와 파롤, 시니피앙과 시니피에 개념은 현대 언어학의 밑그림이 되었어. 그래서 더 이상 소쉬르를 뛰어넘는 언어학자는 좀처럼 나오기 힘들 거라고 말하기도 해. 다시 한 번 강조하지만, 이 책은 단순한 언어학 개론서가 아니야. 그러니 언어학적인 지식을 쌓기 위해서뿐 아니라, 사고의 지평을 넓혀 가는 데도 적극적으로 활용했으면 한다.

언어의 실체는 무엇일까?

열심히 언어를 연구하고 익혀서 언어학적 지식이 풍부해지거나 다양한 외국어에 능통하더라도 스스로 경계해야 할 것이 있단다. 언어가 늘 오류 발생의 가능성을 내포하고 있다는 점이야. 사람 사이에서 생기는 오해는 대부분 사람 사이를 매개하는 '언어'에 기인한다고 볼 수 있어. 일찍이 영국의 철학자이자 정치가인 프랜시스 베이컨Francis Bacon은 『신기관(The New Organon)』에서 인간의 정신 속에 있는 편견인 '우상(idola)'에 대해 말한 바 있지. '우상'은 그대로 내버려 두면 사람을 거짓이나 오류에 말려들게 한다고 주장했어. 베이컨이 제시한 우상은 네 가지로 구별되는데, '종족의 우상', '동굴의 우상', '시장의 우상', '극장의 우상'이 그것이야.

이 중에서 '시장의 우상'은 언어 때문에 생기는 편견을 말해. 시장에서는 많은 말들이 오가게 마련인데, 이때 잘못된 언어 사용 때문에 편견이나 오류가 발생한다는 것이지. 시장에서 오가는 말들

언어학자, 외국어 강사

을 들으면, 어떤 대상을 지칭하는 말과 그 대상 자체가 일치하지 않는 경우가 많은데도 사람들은 이를 인식하지 못해. 예를 들어 과일 가게 주인은 손님에게 '맛있는 사과'라고 말하지만, 실제로는 그렇지 않을 수 있다는 생각을 사람들이 하지 못한다는 거야. 결국 시장의 우상은 언어를 바로 그 사물 자체로 생각하는 데에서 생기는 오류를 의미해. 실재를 표현하는 언어가 실재와 혼동되어 실재가 아닌 우상으로 행세하는 경우, 이는 명백한 편견이고 오류인 거지.

같은 맥락에서 베이컨은, (언어는 우리의 사고를 전달하는 수단에 불과하기 때문에) 사람들은 자신의 지성이 언어를 지배한다고 믿지만, 실제로는 언어가 지성에 영향력을 미친다고 지적했어. 가령 우리가 '사랑한다'고 말할 때, 우리는 '사랑한다'는 언어를 사용함으로써 사랑하고 있다고 무작정 믿게 된다는 거야. 아마도 '시장의 우상'은 인간이 언어의 실체를 찾기가 매우 어렵다는 점을 시사하는 듯해. 베이컨의 『신기관』에는 '시장의 우상'을 피하는 방법도 함께 쓰여 있으니, 승연이가 꼭 한번 읽어 보고 그 방법도 알아 두었으면 한다. 원전을 읽는 것이 자신 없으면, 청소년 눈높이에서 철학적 주제를 정리한 『지식을 위한 철학 통조림 : 담백한 맛』을 펼쳐, 제6장 '베이컨의 귀납법'을 읽어 보면 이해하는 데 큰 도움이 될 거야.

'통·번역가'를 꿈꾸는
친구들에게

이 책 한번 볼래?

『청소년을 위한 언어란 무엇인가?』

니콜라우스 뉘첼 / 살림Friends

독일의 저널리스트이자 동시통역사이며 인문 저술가인 니콜라우스 뉘첼이 쓴『청소년을 위한 언어란 무엇인가?』에는 언어와 관계된 다양한 질문과 대답이 나란히 제시되어 있어. "인간은 언제부터 말을 했을까?", "원시시대의 언어는 어땠을까?", "지구상에는 몇 개의 언어가 존재할까?", "언어 사이의 우열은 존재할까?", "모든 사람이 단 하나의 언어만을 사용할 날이 올까?", "인간은 몇 개의 언어를 배울 수 있을까?", "인간은 모든 문장을 다 번역할 수 있을까?" 등 언어에 관심이 많은 사람이라면 누구나 한 번쯤 궁금했을 법한 내용들이 청소년도 알기 쉽게 풀이되어 있단다.

이 책은 '언어'에 관한 보편적인 교양부터 '한국어'라는 구체적인 언어에 관한 내용까지 균형 있게 다루고 있어. 부제처럼 '우리가 말과 글에 대해 알고 싶던 모든 것들'이 담겨 있지. 인간의 가장 소중한 자산인 언어에 대해 깊이 공부하고 싶다면 꼭 읽어 보렴.

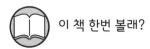

『그래서 오늘 나는 외국어를 시작했다』

추스잉 / 청림출판

전 세계를 누비는 NGO 활동가인 저자가 다양한 외국어를 배워 나가면서 겪은 파란만장한 사연을 해학적이면서도 진지하게 이야기하는 책이야. 외국어를 배우는 것이 특별한 능력이 필요한 것이 아님을 깨닫게 해 주기에, 무엇보다도 외국어를 어렵다고만 생각하는 외국어 초보자가 읽으면 더 좋을 듯해.

이 책을 읽을 때, 책 제목에 있는 '그래서'에 주목하여 읽어 보는 것은 어떨까? '그래서'는 목적이나 이유를 밝힌 뒤, 결과를 언급할 때 쓰는 접속사잖아. 그렇다면 저자가 '오늘 외국어 공부를 시작한' 목적이나 이유가 무엇일까? 그는 어려서부터 여행을 즐겼는데 그때마다 낯선 세계와 맞닥뜨리고, 새로운 사람들과 만나야 했어. 낯섦을 극복하기 위해서는 무엇보다도 그 세계의 언어를 배우는 것이 우선이라고 생각했던 것이지. 이렇게 하나둘 공부해 나간 외국어가 무려 10개나 되었다고 해. 승연이도 이 책을 읽고 '그래서' 앞에 쓰고 싶은 자기만의 이유를 생각해 봤으면 좋겠어. 단순히 '좋은 직장을 구하기 위해서'가 아니라, 외국어를 통해 이루고 싶은 꿈이 '그래서' 앞에 담겨 있었으면 해.

'통·번역가'를 꿈꾸는
친구들에게

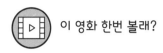

〈마이 페어 레이디〉

조지 큐커 감독 / 1964년

〈마이 페어 레이디〉는 1964년 제작된 미국의 뮤지컬 영화야. 오드리 헵번이 주연을 맡아 화제가 됐을 뿐만 아니라, 아카데미 작품상을 수상할 만큼 작품성도 인정받은 수작이지. 이 영화 속에 등장하는 언어학자 히긴스는 '언어란 곧 계급'이라는 생각을 가지고 있는 인물이야. 어느 날 히긴스가 동료인 피커링 대령에게 호언장담을 해. 길거리에서 꽃을 파는 여인 일라이자를 데려다가 자신이 교육시켜서, 그녀를 우아하고 세련된 귀부인으로 탈바꿈시켜 놓겠다고 말이야. 일라이자는 발음도 엉망이고 사투리가 심하며, 빈민층이 즐겨 쓰는 은어를 주로 사용하고 있었어. 그런 그녀에게 완벽한 '정통 영어'를 가르쳐, 사교계에 화려하게 데뷔시키겠다는 히긴스의 야심찬 계획은 성공할까?

이 영화는 언어의 학습과 훈련을 통한 한 여인의 극단적인 변신이라는 흥미로운 주제를 깊이 있게 파고들고 있어. 언어를 정확하고 품위 있게 구사한다는 것은 우리 사회에서 어떤 의미일까? 언어문화는 다양화 혹은 개성화될 수 없는 것일까? 승연이가 이 영화를 보고 나면 언어에 대해 다양한 생각을 해 볼 수 있을 거야.

이런 책은 어때?

● 번역가로부터 좋은 번역 방법과 노하우를 직접 듣고 싶은 이들에게

　권남희의 『번역에 살고 죽고』(마음산책) ★★

　이희재의 『번역의 탄생』(교양인) ★★★

　조원미의 『번역, 이럴 땐 이렇게』(이다새) ★★★★

● 동시통역사의 치열한 삶, 세계를 보는 관점 등이 궁금한 이들에게

　최정화의 『통역 번역사에 도전하라!』(넥서스) ★★

　요네하라 마리의 『마녀의 한 다스』(마음산책) ★★★

● 역관의 역사를 되짚으며 통·번역의 역사적 의미를 생각해 보고 싶은 이들에게

　이한우의 『조선을 통하다』(21세기북스) ★★

　이상각의 『조선 역관 열전』(서해문집) ★★★

● 언어학이라는 학문에 관심이 있는 이들에게

　김진우의 『언어』(탑출판사) ★★★★

　장영준의 『언어 속으로』(태학사) ★★★★

● 현재 가장 각광받는 언어인 영어의 역사와 현황이 궁금한 이들에게

　빌 브라이슨의 『빌 브라이슨의 유쾌한 영어 수다』(휴머니스트) ★★★

　강준만의 『교양 영어 사전 1~2』(인물과사상사) ★★★

● 한국어의 과거와 현재, 그리고 미래에 대해서 진지하게 성찰하고 싶은 이들에게

　최경봉의 『우리말의 탄생』(책과함께) ★★

　고종석의 『모국어의 속살』(마음산책) ★★

　고종석의 『감염된 언어』(개마고원) ★★★

스왓(SWOT) 분석

선생님이 네가 꿈꾸는 너의 미래를 일목요연하게 정리해 봤어.
선생님이 해 준 이야기를 참고해서 너에게 꼭 맞는
자신만의 꿈을 설계해 보렴.

- 개인의 꾸준한 노력만으로도 전문가가 될 수 있음.
- 프리랜서로 일하기에 적합한 직종임.
- 직종을 가리지 않고 보편적 수요가 존재함.

- 언어를 전공하는 사람이 많음(공급이 과잉).
- 우리 사회에서는 외국어에 대한 수요가 영어 등 일부 언어에 한정되는 경향이 있음.

- 우리 사회의 교육열이 외국어 학습에도 그대로 전이되고 있음.
- 글로벌 시대를 맞이하여 외국어 구사 능력에 대한 수요가 꾸준함.

- 자동번역기의 등장과 발달로 인해 외국어 구사 능력의 필요성이 점차 감소할 가능성이 있음.

언어학자, 외국어 강사

관련 직업

프로스포츠 선수, 트레이너, 체육 지도자

더 높이, 더 멀리, 더 힘차게
내 꿈도 이루어진다

: '운동선수'를 꿈꾸는 친구들에게

▶▶ 핵심 도서

『호모루덴스』 요한 하위징아 / 연암서가

『스포츠 사이언스』 TV조선 스포츠부 / 북클라우드

『스포츠 문화의 이해』 스포츠 문화의 이해 편찬 위원 / 경북대
학교출판부

선생님, 안녕하세요? 저 진성이에요. 저는 운동을 참
좋아합니다. 월드컵이나 올림픽이 열리는 기간이면 잠을 설쳐
가며 텔레비전 중계방송을 시청할 정도니까요. 그리고
선생님도 아시잖아요. 제가 방과 후에 늘 친구들과 학교에서
축구나 농구를 하면서 시간을 보내는 것 말입니다. 제가 이렇게
운동을 좋아하니까, 즐겁게 운동하며 나중에 돈도 벌 수 있다면
참 좋을 것 같아요. 그래서 축구나 야구와 같은 인기 종목에서
열심히 뛰고 있는 프로스포츠 선수들을 보면 진짜 부러워요.
부모님은 '몸'을 쓰는 직업보다는 '머리'를 쓰는 직업을
택하라고 하시는데, 저는 '머리' 쓰는 것은 질색이거든요.
선생님께서는 제가 장래에 운동을 직업으로 삼는 것에 대해
어떻게 생각하시나요? 이제부터라도 운동하기 적합한 '몸'을
만들어 볼까요?

공쌤의 편지

'운동'을 대하는 마음 자세

스포츠는 현대에 와서 대중의 큰 관심을 받고 있어. 미디어가 발달함에 따라 현장에 가지 않더라도 얼마든지 스포츠를 즐길 수 있는 환경이 갖추어졌고, 건강에 대한 관심이 높아지면서 운동을 생활화하는 사람도 꽤 많이 생겼지. 또 현대인의 여가 시간이 늘어나며, 관람만 하는 데에 그치지 않고 스포츠를 직접 몸으로 즐기는 시대가 되었단다. 이렇듯 현대인의 놀이 문화에서 스포츠는 떼려야 뗄 수 없는 중요한 부분이 되었어.

만약에 진성이 네가 운동선수 등을 전문적인 직업으로 삼고자 한다면, 운동을 즐길 수 있는 '능력'은 물론이고, 그에 걸맞은 '마음 자세'를 갖추는 것이 좋아. 어떤 마음 자세냐고? 사람은 지금 자

'운동선수'를 꿈꾸는
친구들에게

신이 하고 있는 행동이 수단인 동시에 목적일 때 만족한 삶을 살 수 있거든. 반면에 자신의 행동이 무엇인가를 위한 수단에 불과하다면 참 고단한 삶이 될 가능성이 높아. 진성이는 정말로 운동을 즐길 마음의 준비가 되어 있니?

여기서 한 가지 짚고 가자. 앞서 말한 운동을 즐길 수 있는 '능력'은 신체적 능력만을 의미하는 것은 아니야. 흔히들 운동선수를 '몸'을 쓰는 직업이라고 알고 있기 쉬운데, 스포츠만큼 고도의 '머리'를 필요로 하는 일도 드물어. 스포츠에서는 '몸'과 '머리'가 따로 놀지 않고 둘이 서로 융화되었을 때, 비로소 상대를 제압하는 창의적인 플레이가 탄생한단다.

한편 현대인이 즐기는 스포츠는 인류의 역사를 거슬러 올라가면 결국 '놀이'와 맞닿게 돼. '놀이'야말로 그 자체로 수단이면서 목적이 되기 때문에, 놀이의 특성을 파악한다면 진성이가 앞으로 운동을 놀이와 같이 즐기는 데 적잖이 도움이 되지 않을까 해.

호모루덴스, 놀아야 인간이다

요한 하위징아Johan Huizinga는 인간을 인간답게 하는 본질로서 '놀이'에 주목한 네덜란드의 학자로, '호모루덴스(Homo ludence)'라는 말을 처음으로 쓴 사람이야. 예전부터 많은 학자가 '사유, 언어, 정치, 도구' 등 다소 추상적인 개념으로 인간의 본질을 규정하려 했어. 그래서 '호모사피엔스(생각하는 인간), 호모로퀜스(언어적 인간), 호

프로스포츠 선수, 트레이너, 체육 지도자

피터르 브뤼헐 〈아이들의 놀이〉

모폴리티쿠스(정치적 인간), 호모파베르(도구를 사용하는 인간)' 같은 말
이 등장했지. 이들에 비해 하위징아는 매우 남다른 생각을 했던 것
같아. 호모루덴스에는 '놀이하는 인간'이라는 의미가 담겨 있거든.
그는 '놀아야, 혹은 놀 줄 알아야 비로소 인간다운 인간이 아니겠느
냐'고 주장했어. 인간을 제외한 다른 동물은 '놀이'를 모르잖아. 너

'운동선수'를 꿈꾸는
친구들에게

도 알다시피 인간 말고는 놀 줄 아는 존재가 없거든. 그래서인지 하위징아는 '놀이하는 인간'을 논하면서 놀지 않는 인간과 놀 줄 모르는 현대인을 강하게 비판하기도 했어. 그런 점에서 본다면 노는 것을 좋아하는 진성이는 굉장히 '인간적'인 학생인 셈이지.

하위징아는 그의 저서『호모루덴스』에서 인간의 문화가 얼마나 놀이의 성격이 강한지 설명하고 있어. 심지어 전쟁마저도 놀이라고 할 정도야. 이 책을 다 읽고 나면 인간이 이룩한 문화 중에서 놀이가 아닌 것이 없다는 생각이 들지도 몰라. 하위징아는 여기서 그치지 않고 다양한 문화 현상을 분석하여 놀이의 특성을 세 가지로 요약하고 있어. 그런데 하위징아가 말하는 이 세 가지 특성이 현대의 '스포츠'와 어찌나 많이 닮았던지, 진성이가 스포츠를 '놀이'처럼 즐거워하고 재미있어하는 이유를 선생님도 알 수 있겠더라.

하위징아가 첫 번째로 제시한 놀이의 특성은 '자발적 행위'라는 점이야. 이 말은, 누가 하라고 해서 하는 놀이는 이미 놀이가 아니라는 뜻이야. 말도 안 되는 불협화음을 만들지언정 재미로 피아노 건반을 힘차게 내리치는 어린 조카의 행위는 놀이가 될 수 있어. 하지만 선생님의 지시에 따라 피아노를 연습하는 수험생의 행위는 아무리 아름다운 멜로디를 만들어 낸다 해도 '놀이'가 될 수 없지.

두 번째 특성은 '비일상적'이라는 점이야. 놀이를 함으로써 일상적 삶에서 벗어나 매우 자유로운 활동을 할 수 있어야 해. 단, 이 자유로움은 일시적이어야 하지. 몇 년 전에 유행한 광고 문구 중에

프로스포츠 선수, 트레이너, 체육 지도자

"열심히 일한 당신, 떠나라."라는 것이 있었어. 이때 열심히 일하는 것은 일상적인 것이고, 떠나는 행위 자체는 비일상적인 것이야. 비일상적인 행위를 매일 하는, 그러니까 매일 놀다시피 하는 백수가 24시간 내내 빈둥대는 것은 '놀이'가 될 수 없어. 왜냐하면 일시적이지 않기 때문이지.

놀이의 세 번째 특성은 '격리된 공간, 정해진 시간'이야. 그야말로 이것은 진성이가 좋아하는 스포츠를 생각하면 쉽게 이해가 될 거야. 축구는 축구장이라는 일상과 따로 떨어진 공간에서 전·후반 90분이라는 정해진 시간 안에 이루어지잖아. 이렇듯 놀이는 제한된 시간과 장소에서만 노는 것이라는 뜻이지. 그럼으로써 놀이는 놀이 고유의 과정과 의미를 갖게 돼. 시공간의 한계로 인해 놀이는 스스로 질서를 창조하는데, 이런 질서를 유지하기 위해 정해 놓은 것이 놀이의 규칙이야. 이 규칙을 공정하게 지켜 노는 것이, 바로 스포츠에서 말하는 '페어플레이(fair play)'에 다름 아니지.

역사상 위대한 성과를 이루었던 사람들에게는 하나의 공통점이 있는데, 그것은 '놀이'처럼 일하고 연구했다는 사실이야. 노동보다는 놀이를 통해 인간이 놀라운 몰입을 하고, 그 과정에서 창의적인 성과를 거둔 일이 비일비재하지. 이 성과는 인간이 즐겁게 일을 할 때, 자신이 가진 모든 능력을 쏟아붓기 때문에 저절로 따라오는 효과라고 볼 수 있어. 그런데 그 사람들에게 어떻게 그런 성과를 거두었냐고 물으면 그들은 '그냥 즐겁게 일했을 뿐'이라고 말해. 그런데 그것은 빈말이 아니야. 자신의 일을 자발적으로 놀이처럼 즐겼기 때문에 실제로 즐거웠을 거란 말이지. 우리가 흔히 말하는 '적성'이라는 말 속에는 어떤 사람이 일을 할 때 놀이처럼 즐길 수 있는지 없는지를 평가하는 개념이 포함되어 있지 않을까 해. 운동이 네 '적성'에 맞아서 놀이처럼 즐길 수만 있다면 네 미래를 거기에 맡겨도 좋을 것 같구나.

운동을 하려면 과학적으로, 똑똑하게

스포츠인이 되려면 적합한 '몸'을 만드는 일이 최우선이겠지만, 알아 두어야 할 지식도 꽤 많아. 가령 스포츠 종목마다 가지고 있는 '게임의 룰'을 숙지해야 하고, 해당 스포츠의 역사나 관련 인물을 알아 두는 것도 꽤 유익한 지식이 되겠지. 그런데 "과학도 알아 두어야 해."라고 하면 진성이가 의아해할지도 모르겠어. "저는 운동을 하고 싶은데 웬 과학이요?"

『스포츠 사이언스』라는 책은 스포츠가 왜 '과학'과 밀접한 연관을 맺고 있는지 보여 줘. 진성아, 이 책의 부제가 '이길 수밖에 없는 승부의 법칙'이야. 이게 뭘 의미하겠어? 과학만 제대로 알면 스포츠에서 승리할 확률이 높아진다는 것 아니겠니?

진성이는 야구 경기에서 좌타자(왼손 타자)가 나오면, 왜 수비 측 감독은 구원 투수로 좌투수(왼손 투수)를 내보내는지 알고 있니? 좌타자는 좌투수에 약하다는 야구의 속설을 적용한 것인데, 이는 단순한 속설이 아니라 어느 정도 과학적인 근거가 있단다. 좌타자에게 좌투수의 공은 몸 쪽에서 바깥쪽으로, 우투수의 공은 바깥쪽에서 몸 쪽으로 들어오는 경우가 많아. 타자 입장에서는 바깥에서 몸 쪽으로 들어오는 공보다 몸 쪽에서 멀어지는 공을 치는 것이 더 어렵게 마련이지. 그래서 감독은 좌타자에게 껄끄러운 존재인 좌투수를 내보내는 거야. 실제로 '확률과 통계'라는 수리과학의 틀로 분석해 보았을 때도, 좌타자에게 좌투수를 내보냈을 때 안타를 맞을 확률이 가장 낮다고 해.

진성이가 좋아하는 축구에도 과학은 숨어 있어. 혹시 나중에 축구 시합 중 프리킥을 찰 기회가 주어지면, '마그누스 효과'라는 물리법칙을 이용해서 멋지게 휘는 공을 차 보렴. '마그누스 효과'란 물체가 빠른 속도로 회전하며 유체(기체 또는 액체)를 통과할 때, 압력이 높은 곳에서 낮은 쪽으로 휘어지면서 나가는 현상을 말해. 축구 선수가 축구공의 오른쪽 아랫부분을 축구화 안쪽으로 감아서 차면, 공은 보통 시계 반대 방향으로 회전하면서 날아간단다. 이때 공의 오른쪽 부분은 공기의 저항을 받아 압력이 높아지고, 공의 왼쪽 부분은 공의 회전 방향과 공기의 흐름이 일치해서 압력이 낮아져. 그 결과 공은 압력이 높은 쪽에서 낮은 쪽으로, 즉 오른쪽에서 왼쪽으로 휘면서 날아가게 되지.

한편 '드리블의 신(神)'으로 불리는 리오넬 메시의 뛰어난 경기 능력도 과학적으로 분석이 가능해. 메시는 왜 드리블을 할 때 수

'운동선수'를 꿈꾸는
친구들에게

리오넬 메시

비수에게 잘 안 걸릴까? 키가 170cm 정도로 비교적 작은 메시는 공과 발의 간격이 30~40cm 이내로 좁아 수비수의 긴 다리를 피하기에 유리해. 또 드리블의 각도가 다른 선수들보다 큰 45도인데, 이는 키가 작다 보니 무게중심이 낮아서 급격한 방향 전환이 가능하다는 말이야. 이렇게 스포츠에서 잘하는 선수들의 움직임을 분석하면, 한결같이 과학적 원리가 숨겨져 있단다. 그들이 잘하는 데는 그만한 이유가 있다는 거지. 거꾸로 말해 과학적 원리를 잘 응용하면 자기 종목에서 최고의 기량을 뽐낼 수 있게 된다는 말도 되겠지? 진성아, 과학 공부하자!

프로스포츠 선수, 트레이너, 체육 지도자

빛나는 승부를 위해 경계해야 할 것

스포츠는 대중문화의 중심에 서 있다고 봐도 좋을 만큼 많은 사람들의 사랑을 받고 있어. '스포츠 문화'라는 말이 전혀 어색하지 않을 정도로, 독자적인 문화영역을 구축하고 있다는 생각이 들어. 더 나아가 스포츠는 정치, 경제, 교육, 외교, 종교, 방송 등 다른 영역으로까지 다방면에 영향을 미치고 있어서 우리 삶에서 결코 빼놓을 수 없는 중요한 요소가 되었단다. 『스포츠 문화의 이해』는 스포츠가 다양한 사회적 요소들과 어떤 영향을 주고받는지 보여 주는 책으로, 운동선수가 되려는 진성이가 한 번은 꼭 짚고 넘어가야 할 여러 주제를 다루고 있다는 점에서 무척 유익해.

무엇보다도 사회적으로 큰 파장을 일으킬 수 있는 '스포츠 일탈'에 관한 부분은 유심히 읽어 볼 필요가 있어. 정해진 규범이나 사회의 보편적 통념에 어긋나는 행위를 '일탈 행동'이라고 하는데, 스포츠 영역에서도 여러 일탈 행동이 나타나거든. 폭력, 부정행위, 심판 판정 항의 등 스포츠라는 특수한 환경에 놓인 운동선수의 일탈 행동을 '스포츠 일탈'이라고 부른단다.

스포츠 일탈의 대표적인 예는 바로 '금지 약물 복용', 이른바 '도핑(doping)'이야. 국제적으로 반(反)도핑 기구가 결성되어 있을 만큼, 경기력에 영향을 주는 약물을 복용하는 것은 엄격히 금지되어 있어. 따라서 운동선수들에게 금지 약물 복용은 치명적인 일탈 행동이지. 세계적으로 금지 약물을 복용한 선수에게는 엄격한 제재가 따르고 있어. 얼마 전에는 런던올림픽에서 금지 약물을 사용한 역도 선수들이 무더기로 적발되면서, 경기에 출전한 한국 선수의 순위가 8위에서 4위로 올라간 황당한 일도 있었단다. 경쟁이 심화되면서 좋은 성적을 내야 한다는 압박감이 아마도 약물에 대한 유혹을 뿌리치기 어렵게 하고 있는 듯해. 그렇지만 스포츠에서 공정한 경쟁이 얼마나 중요한 가치를 지니고 있는지는 진성이가 더 잘 알 것이라 믿어.

그리고 또 하나, 사회적으로 큰 물의를 빚고 있는 '스포츠 도박'에 관한 문제야. 운동선수가 도박에 연루되어 승부를 조작하는 행위가 언론에 심심찮게 보도되고 있는데, 이것은 스포츠의 근간을 뒤흔드는 매우 심각한 일탈 행동이란다. 경기의 내용을 일부 선수가 인위적으로 조작한다든지, 승부 결과를 의도적으로 뒤바꾸는 것은 스포츠의 존재 이유를 송두리째 부정하는 행위야. 사람들이 스포츠에 환호하는 이유는 '각본 없는 드라마'가 연출되기 때문인데, 돈을 위해 의도된 플레이를 하는 것은 스포츠 정신을 기만하는 행위나 다름없지. 또 스포츠에 대한 불신은 다른 영역에까지 영향을 미쳐 사회적 신뢰 체계를 무너뜨릴 수 있다는 점에서 운동선수 모두가 경계해야 할 문제란다. 진성이가 운동선수가 되겠다고 마음먹었다면, 기량이 훌륭한 선수가 되도록 노력해야 함은 물론 그에 못지않게 인성도 훌륭한 선수가 되었으면 참 좋겠어. 무엇보다도 정정당당하게 승부를 겨루는 선수가 되렴.

프로스포츠 선수, 트레이너, 체육 지도자

 이 책 한번 볼래?

『스포츠와 문명화』

노르베르트 엘리아스 · 에릭 더닝 / 성균관대학교출판부

『스포츠와 문명화』는 『궁정 사회』의 저자로 유명한 노르베르트 엘리아스가 그의 제자 에릭 더닝과 함께 저술한 책으로, 스포츠를 사회학적으로 고찰하고 있어. 스포츠 탄생의 근원이 되었던 여가와 즐거움, 성취 욕구와 스포츠의 사회적 의미, 스포츠와 폭력 등의 주제를 사회학적 맥락에서 다루었지. 스포츠는 경쟁과 협력, 갈등과 조화 같은 사회적 관계의 속성을 모두 가지고 있어서 사회학 연구의 대상으로는 아주 적격이거든.

현대 스포츠는 대부분 19세기 중후반에서 20세기 초중반에 걸쳐 영국에서 프랑스, 독일 등지로 건너간 것들이야. 저자는 이러한 현상을 '문명화 과정'의 일부라고 설명해. 엘리아스는 문명화 과정의 핵심 내용은 '합리화'인데, 이는 본능적 감정 표현을 세련된 형태로 변형시켜 사회적으로 허용되는 일상의 의례로 만들어 나가는 과정이라고 주장해. 스포츠 경기가 엄격한 규칙을 통해 폭력적인 행위를 통제함으로써, 승리와 폭력에 대한 욕

'운동선수'를 꿈꾸는
친구들에게

구를 일상적으로 해소할 수 있도록 한 것이 그 예이지. 이 때문에 저자는 스포츠를 일컬어 훌륭한 '사회적 발명품'이라고 한단다. 개인적으로 이 책의 후반부에서 영국의 축구 훌리건을 사례로 스포츠와 폭력성에 대해 서술한 부분이 흥미롭더라. 진성이도 한번 꼭 읽어 보렴.

 이 책 한번 볼래?

『호모루덴스, 놀이하는 인간을 꿈꾸다』
노명우 / 사계절

하위징아가 쓴 『호모루덴스』는 문화사, 예술사, 종교사 등 인류 문명에 대한 하위징아의 해박한 지식이 총동원되어 한 권의 책으로 압축된 걸작으로, 그 내용의 깊이가 만만치 않아. 그래서 네가 혹시 버거워하면 어쩌나 걱정이 되는구나. 『호모루덴스』가 어렵게 느껴진다면 『호모루덴스, 놀이하는 인간을 꿈꾸다』라는 책을 먼저 읽어 보라고 권하고 싶어. 이 책은 『호모루덴스』를 재구성해서 쉽게 풀어 쓴 건데, 1부에서는 하위징아의 이론을 명료하게 설명하고, 2부에서는 오늘날의 놀이 정신과 문화에 대해 분석하고 있어. 저자는 『호모루덴스』의 내용을 흥미로운 사례들로 재구성해서, 핵심 내용을 인상적으로 전한단다. 제비뽑기를 통한 판결, 수수께끼 게

프로스포츠 선수, 트레이너, 체육 지도자

임, 시 짓기로 우열 가리기 등의 놀이가 어떻게 다양한 문명권에서 꽃피게 됐는지 설명하지.

하위징아는 근대로 접어들면서 놀이 정신이 쇠퇴했다고 진단해. 노는 인간이 노동하는 인간으로 바뀌고, 사람들은 노동에 파묻혀 찬란한 문화를 꽃피우게 했던 놀이 정신을 잃어버렸다는 거야. 저자는 하위징아의 문제의식을 받아들이며, 놀이 정신을 회복하기 위해서 어떻게 해야 할지 모색한단다. 청소년 눈높이에 맞게 쓰인 책이니 진성이도 재미있게 읽을 수 있을 거야.

 이 영화 한번 볼래?

〈슈팅 라이크 베컴〉
거린다 차다 감독 / 2002년

〈슈팅 라이크 베컴〉은 아주 색다르면서도 생각할 거리가 많은 스포츠 영화란다. 이 영화의 주인공 제스는 축구 스타 베컴의 열렬한 팬이자 아마추어 축구 선수로 등장해. 그런데 제스는 남자가 아니라 여자야. 축구 실력은 있지만 여성이라는 이유로 사회적 편견 때문에 축구에 대한 사랑을 마음 놓고 표현하기가 쉽지 않지. 게다가 부모님마저도 축구하는 딸을 끔찍

'운동선수'를 꿈꾸는
친구들에게

하게 생각해. 더욱이 제스는 '인도계 영국 소녀'라서 영국 사회에서 인종차별까지 겪는단다. 제스가 제대로 축구를 하기 위해선 헤쳐 나가야 할 일이 첩첩산중처럼 쌓여 있어.

그러던 어느 날 제스의 품행을 오해한 예비 사돈집 어른들 때문에 언니 핑키가 파혼당하는 일이 벌어져. 예비 사돈네는 머리가 짧은 여자 친구와 함께 놀고 있는 제스를 남자와 어울리는 것으로 착각하고는, 품행이 형편없는 딸을 둔 집안과는 사돈을 맺을 수 없다고 선언한 거야. 언니는 파혼당한 것이 제스 때문이라고 생각해서 홧김에 제스가 몰래 축구를 하고 있다는 사실을 폭로해 버리지.

영화의 압권은 프로 선수가 되기 위한 중요한 관문인 클럽 결승전에서 제스가 프리킥을 차려는 순간이야. 이 한 골로 팀의 승패는 물론 제스의 스카우트 여부도 갈릴 판이지. 그런데 그 순간, 제스의 눈에는 골문을 가로막은 상대 팀 선수들의 얼굴이 그녀의 가족들처럼 보이는 거야. 제스는 '여자답지 못한' 축구는 그만두라고 잔소리를 하는 가족들의 머리 위로 냅다 공을 차지. 과연 그녀는 철통같은 수비 장벽을 뚫고 골을 성공시킬 수 있을까?

만약에 부모님이 진성이가 운동선수가 되는 것에 반대하신다면 어떨 것 같니? 이 영화를 보면서 감정이입을 해 봐도 재미있을 것 같구나.

프로스포츠 선수, 트레이너, 체육 지도자

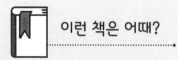

이런 책은 어때?

☞ 난이도
★ 하
★★★ 중
★★★★★ 상

● 승부의 세계에서 살아가는 프로 선수들의 실전 경험을 엿보고 싶은 이들에게
박지성의 『멈추지 않는 도전 박지성』(랜덤하우스코리아) ★
김동현의 『김동현의 멘탈 수업』(인간희극) ★
민학수의 『꿈이 나를 뛰게 한다』(민음인) ★

● 스포츠의 역사적인 기원을 살펴보고 싶은 이들에게
데이비드 골드블라트의 『축구의 세계사』(실천문학사) ★★★
윤동일의 『모든 스포츠는 전쟁에서 나왔다』(아테) ★★★★

● 스포츠의 아름다움과 매력을 인문학적으로 뜯어보고 싶은 이들에게
신윤동욱의 『스포츠 키드의 추억』(개마고원) ★★
레너드 코페트의 『야구란 무엇인가』(민음인) ★★★★
한스 U. 굼브레히트의 『매혹과 열광』(돌베개) ★★★★★

● 과학을 돋보기로 스포츠를 더 잘 이해하고 싶은 이들에게
손영운의 『스포츠 속에 과학이 쏙쏙』(이치) ★★

● 국가주의와 상업주의에 짓눌린 스포츠의 어두운 치부를 반성적으로 성찰하고, 선수와 관중 모두가 행복한 스포츠의 모습을 그려 보고 싶은 이들에게
정희준의 『어퍼컷』(미지북스) ★★★
정준영의 『열광하는 스포츠 은폐된 이데올로기』(책세상) ★★★★
마르크 페렐망의 『야만의 스포츠』(도서출판 삼화) ★★★★★

스왓(SWOT) 분석

선생님이 네가 꿈꾸는 너의 미래를 일목요연하게 정리해 봤어.
선생님이 해 준 이야기를 참고해서 너에게 꼭 맞는
자신만의 꿈을 설계해 보렴.

- '놀이'로서 즐기면서 일하기에 유리함.
- 탁월한 재능이 있을 경우 상대적으로 큰 경제적 보상을 받을 수 있음.

- 육체적 활동인 스포츠의 특성상 중·장년기까지 꾸준히 경기에 출전하기 어려움.
- 각광받는 스포츠가 일부 종목에 한정됨.

- 여가의 증대, 경제 발전, 건강에 대한 관심 제고 등으로 스포츠에 대한 수요 증가.

- 일부가 지나치게 상업화되고 있으며, 사행 산업과 연계되는 경향도 있음.

프로스포츠 선수, 트레이너, 체육 지도자

도판 출처

19쪽	ⓒiryna1(Shutterstock.com)
24쪽	ⓒangellodeco(Shutterstock.com)
36쪽	public domain
39쪽	public domain
42쪽	ⓒEverett-Art(Shutterstock.com)
42쪽	public domain
55쪽	public domain
57쪽	public domain
60쪽	ⓒbodom(Shutterstock.com)
73쪽	ⓒRRong(Shutterstock.com)
78쪽	ⓒIndypendenz(Shutterstock.com)
91쪽	ⓒPrinceOfLove(Shutterstock.com)
96쪽	ⓒJjshapiro(1964, Wikipedia, CC BY-SA 3.0)
98쪽	ⓒMaxim Tarasyugin(Shutterstock.com)
109쪽	ⓒJIHAKSA
113쪽	ⓒAndrea Izzotti(Shutterstock.com)
125쪽	ⓒJIHAKSA
131쪽	ⓒtripti joshi(alchetron, CC BY-SA 3.0)
133쪽	ⓒRoman Bodnarchuk(Shutterstock.com)
148쪽	ⓒDmthoth(2013, Wikimedia Commons, CC BY-SA 3.0)
153쪽	public domain
167쪽	ⓒFriman(2005, GFDL, CC BY-SA 3.0)
168쪽	ⓒkatjen(Shutterstock.com)
173쪽	ⓒJoseph Sohm(Shutterstock.com)
183쪽	ⓒArtisticPhoto(Shutterstock.com)
191쪽	ⓒ경기도청(www.gg.go.kr): 공공누리 제3유형
204쪽	public domain
209쪽	ⓒJes2u.photo(Shutterstock.com)
221쪽	ⓒLemon Tree Images(Shutterstock.com)
226쪽	public domain
226쪽	public domain
238쪽	public domain
243쪽	ⓒAgencia Brasil(2014, Wikimedia Commons, CC BY 3.0)

북트리거 포스트

북트리거 페이스북

청소년을 위한 진로독서 1

인문학아 부탁해! 나의 꿈, 나의 미래
: 전통적 인기 직업 편

ⓒ 공규택, 2017

1판 1쇄 발행일 2017년 3월 24일
1판 4쇄 발행일 2021년 4월 20일

지은이 공규택
펴낸이 권준구 | 펴낸곳 (주)지학사
본부장 황흥규 | 편집장 윤소현 | 팀장 김지영 | 편집 강현호 양선화 이인선
기획·책임편집 김지영 | 디자인 정은경디자인
마케팅 송성만 손정빈 윤술옥 이혜인 | 제작 김현정 이진형 강석준 방연주
등록 2017년 2월 9일(제2017-000034호) | 주소 서울시 마포구 신촌로6길 5
전화 02.330.5265 | 팩스 02.3141.4488 | 이메일 booktrigger@naver.com
홈페이지 www.jihak.co.kr | 포스트 http://post.naver.com/booktrigger
페이스북 www.facebook.com/booktrigger | 인스타그램 @booktrigger

ISBN 979-11-960400-1-7 44300
ISBN 979-11-960400-0-0 44300 (세트)

북트리거

트리거(trigger)는 '방아쇠, 계기, 유인, 자극'을 뜻합니다.
북트리거는 나와 사물, 이웃과 세상을 바라보는 시선에 신선한 자극을 주는 책을 펴냅니다.